KB073443

역사의 흐름을 담은 사진

한국사 학습을 위한 길잡이

심 상 섭 지음

한국사 학습을 위한 길잡이

역사의 흐름을 담은 사진

초판 1쇄 발행일 2018년 09월 20일
초판 2쇄 발행일 2018년 11월 21일

지은이 심상섭
펴낸이 양옥매
디자인 송다희 표지혜
교정 조준경

펴낸곳 도서출판 책과나무
출판등록 제2012-000376
주소 서울특별시 마포구 방울내로 79 이노빌딩 302호
대표전화 02.372.1537   **팩스** 02.372.1538
이메일 booknamu2007@naver.com
홈페이지 www.booknamu.com
ISBN 979-11-5776-621-5 (03910)

이 도서의 국립중앙도서관 출판시도서목록(CIP)은 서지정보유통지원 시스템
홈페이지(http://seoji.nl.go.kr)와 국가자료공동목록시스템
(http://www.nl.go.kr/kolisnet)에서 이용하실 수 있습니다.
(CIP제어번호 : CIP018029714)

*저작권법에 의해 보호를 받는 저작물이므로 저자와 출판사의 동의 없이 내용의 일부를
 인용하거나 발췌하는 것을 금합니다.
*파손된 책은 구입처에서 교환해 드립니다.

역사의 흐름을 담은 사진

한국사 학습을 위한 길잡이

심상섭 지음

책과나무

【일러두기】

① 시대 순서
시대 순서에 맞추어 '선사 → 삼국 → 남북국 → 고려 → 조선 → 근·현대' 순으로 배열했다. 또 삼국 시대는 '백제·고구려·신라·가야' 순으로 배열했으며, 남북국 시대는 '통일 신라·발해' 순으로 배열했다.

② 사진
한국사 교과서 내용에 나오는 유적지를 중심으로 사진을 게재하고 설명을 붙였다. 하지만 흐름상 필요한 경우에는 저자의 선택에 의해서 교과 밖의 내용을 추가한 경우도 있음을 밝혀 둔다. 큰 사진을 중심으로 하고, 내용을 이해하는 데 도움을 줄 수 있도록 작은 사진을 덧붙인 경우도 있다.

③ 제목
제목은 유적(유적지) 및 유물 명칭을 가능하면 그대로 사용하려고 했다. 하지만 역사적 사실을 제목으로 붙인 경우도 있음을 밝혀 둔다.

④ 시대
제목의 오른편에 해당하는 시대를 명시해 둠으로써 유적의 시대를 쉽게 파악할 수 있도록 했다.

⑤ 설명
설명은 단순히 사진의 내용을 해설하는 데 핵심이 있는 것이 아니고, 사진과 연관성이 있는 역사적 사실을 기록하고자 했다. 또 필요한 경우에는 사진의 내용에 한정하지 않고 전후의 상황을 파악할 수 있도록 정리함으로써 역사적 사실을 파악하고 역사 학습의 효과를 얻을 수 있게 했다. 전체적인 흐름을 파악하는 데 이 책의 목적이 있듯이, 간단명료한 설명으로 지루하지 않게 하고자 했다.

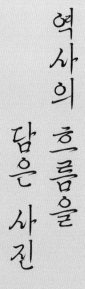

역사의 흐름을

담은 사진

요즘은 예전에 비해 한국사에 대한 사회적 인식과 관심이 높아지고 있는 상황이다. 수능시험에서 한국사를 필수과목으로 지정하고 있으며, 각종 취업시험에서도 시험과목으로 채택하는 사례가 종종 있다. 이런 사회적 분위기를 반영하듯 우리 역사에 대한 일반 성인들의 관심도 높아지고 있는 실정이다. 하지만 주변에서 한국사 공부를 어려워하는 경우를 흔히 접하게 된다.

내가 15년 동안 학생들을 가르치면서 가장 많이 들었던 질문 중의 하나가 "어떻게 하면 역사 공부를 쉽게 잘할 수 있느냐?"는 것이었다. 학습자 입장에서는 한국사 공부를 어려워하는 것이 현실이다. 나 역시도 학생 시절 어려워했던 과목이 한국사였다. 그래서 항상 염두에 두었던 것이 '어떻게 하면 역사 공부에 쉽게 접근할 수 있을까' 하는 것이었다.

따라서 한국사를 쉽게 가르치고 또 학습자 입장에서 쉽게 접근할 수 있는 방법을 찾는 데 많은 시간을 고민하게 되었다. 그래서 찾아낸 결론이 단순 암기에 치중하는 학습 방법의 문제점을 해결해야 한다는 것이다.

먼저 단순 암기로 역사 공부를 하는 학습 태도를 지양해야 한다는 것이다. 그 대신에 역사적 사실에 대한 내용을 이해하면서 핵심 내용을 먼저 파악하고 그다음 구체적인 사실들을 알아 가도록 해야 한다.

예를 들어 "구석기인들은 동굴이나 강가의 막집에 살았다"는 내용에 대해, 왜 동굴이나 강가에서 살았는지를 이해시켜 준다면 역사 학습에 쉽게 접근할 수 있을 것이다. 그래서 역사 교과서에 나오는 유적을 사진으로 찍어서 시각적 효과를 높여 준다면 좀 더 쉽게 접근할 수 있으리라 생각했다.

또 구체적인 역사를 학습하기 이전에 전체적이고 대략적인 역사 흐름을 먼저 안다면 한국사 공부에 쉽게 접근할 수가 있다. 따라서 선사 시대부터 현대에 이르기까지 대표적인 유적지를 사진과 함께 간략한 설명을 달아 누구나 역사 학습에 쉽게 접근할 수 있도록 하는 것이 이 책을 쓰게 된 계기다.

이 책은 시대 순으로 정리하여, 부담 없이 사진을 보면서 전체적인 흐름을 파악할 수 있게 했다. 흐름을 파악한 후 깊이 있는 공부를 한다면 어려워했던 부분들이 많이 해소될 것이다. 이제 따분하게 우리의 역사를 암기할 것이 아니라 가벼운 마음으로 이해하면서 접근할 수 있기를 바란다.

시청각 교육의 효과처럼 역사 학습도 실제로 문화 유적을 답사하면서 눈으로 보고 피부로 느낄 때 최고의 학습 효과를 누릴 수 있다. 그런데 현실적으로 문화 유적에 대해 능동적인 자세로 관심을 가지고 답사하는 경우가 많지 않다. 또 다른 사람에 이끌려 수동적으로 유적지 탐방을 하는 사람들 중에는 어디를 갔다 왔는지도 모르는 경우를 종종 본다.

따라서 먼저 진지하게 유적을 바라보는 관심과 눈이 필요하다. 그러한 가운데 여건상 실제로 찾아다니기가 어렵다면, 이러한 책을 통해서 간접적인 체험을 한다면 좋은 효과를 볼 수 있으리라 믿는다.

문화 유적을 본다고 하더라도 그 의미를 모를 때에는 아름답지도 않고 웅장하지도

않아 흥미를 주지 못하는 경우가 다반사다. 예를 들어 제천 점말 동굴을 가기 위해서는 자동차에서 내려 한참 동안 산속을 걸어가야 하지만, 정작 동굴의 모습은 초라하게 느껴질 수 있기 때문이다. 또 의림지를 봐도 마찬가지다. 그냥 단순한 저수지일 뿐으로 생각할 수도 있다는 것이다.

누군가가 아는 만큼 보인다고 말했지만, 사전 지식이 없다고 하더라도 유적지에 갔을 때 관심을 가지고 답사를 한다면 충분한 효과를 얻을 수 있고, 또 역사 학습의 길잡이가 될 수도 있다.

결론적으로 문화 유적에 관심을 가지는 것이 최우선이다. 그런 후에 실제로 다니지 못한다면 이런 사진집을 통해서 간접 체험을 하고, 그런 가운데 지식을 축적해 나가면 된다. 따라서 이 책은 단순한 예술적인 측면의 사진집이 아니라 역사 학습을 하는 데 있어 길잡이 역할을 하는 데 목적이 있다.

학생들을 가르치기 시작하면서 사진을 본격적으로 찍기 시작했다. 물론 예술 사진의 성격보다는 문화 유적을 교육용 사진으로 표현하는 것에 핵심을 두었다. 따라서 역사적 사실을 파악하고 이해하는 데 중점을 두었기 때문에, 부득이하게 아름답지 않은 사진도 있을 수 있다는 점을 미리 밝혀 둔다.

이제 사진을 찍고 싶어도 찍을 수 없는 유적들이 있다. 일제 시대의 조선총독부 건물은 해체되었으며, 익산 미륵사지 석탑은 해체 보수 작업을 통해 예전의 모습을 그대로 보기는 어려워졌다. 그리고 숭례문도 방화 사건으로 인해 복원을 했지만 예전 같지가 않다. 따라서 여러 가지 이유로 다시 찍기 어려운 유적들은 사진 상태가 다소 좋지 못하더라도 예전 사진을 그대로 실었다.

그래서 이 책은 역사 학습의 길잡이를 위한 교재의 성격을 띠고 있음을 밝혀 두는 것이다. 더불어 학생들뿐만 아니라 일반 성인들도 부담 없이 볼 수 있고, 또 문화 유적과 역사 인식을 높이는 데 도움이 되는 책이다.

마음에 드는 사진을 찍기 위해 추위와 더위 그리고 어려운 상황들을 겪었다. 또 문화 유적을 예술적 가치가 높은 사진으로 표현하기 위해서는 더 많은 노력과 시간이 들어갔음을 밝혀 둔다. 따라서 이 사진집은 역사 공부를 함에 있어 충분한 가치를 가지고 있는 소중한 사진들이라 자부한다.

이 책을 더 빨리 출간하고 싶었던 것이 사실이다. 하지만 시간이 없다는 핑계로 지금까지 미루어 오다 이제 그 결실을 맺게 되었다. 이 책이 나오기까지 도움을 받은 분들이 많이 있다. 지면을 빌려 감사의 인사를 드린다.

끝으로 한국사 학습에 부담을 느끼는 독자 여러분에게 도움이 되는 좋은 길잡이가 될 수 있기를 기대해 본다.

2018년 9월
심 상 섭

차례

제3부 남북국 시대

제6부 근현대 시대

제1부

_____

선
사
시
대

❀ 공주 석장리 선사 유적 | 구석기

한반도에 사람이 살기 시작한 것은 약 70만 년 전인 구석기 시대부터이다. 유적들이 주로 동굴이나 강가에서 발견된 것을 보아 구석기 시대 사람들이 동굴이나 강가에 막집을 짓고 살았음을 유추할 수 있다. 공주 석장리 선사 유적지는 금강 유역에 위치해 있으며, 그곳에서 고래와 물고기 등을 새긴 조각이 발견되었다. 이는 사냥감의 번성을 비는 주술적인 의미가 깃든 것이다. 도구로는 돌을 깨뜨려 불필요한 부분을 떼어 내어 만든 뗀석기를 사용했다.

❀ 제천 점말 동굴 | 구석기

구석기 시대에는 큰 사냥감을 찾아 무리를 지어 이동 생활을 하면서 살았다. 무리 가운데 경험이 많고 지혜로운 사람이 지도자가 되었으나, 권력을 가진 것은 아니기 때문에 평등한 공동체 사회를 이루고 있었다. 점말 동굴은 남한 지역에서 최초로 확인된 구석기 동굴 유적이며, 석회암 지대에 발달된 석회 동굴로 수직 바위 면에 위치하고 있다. 동굴 입구가 동남향으로 뚫려 있기 때문에 채광에 유리하여 생활하기에 좋은 조건을 갖추고 있다.

⊛ 슴베찌르개 | 중석기

구석기가 끝나 가고 신석기가 시작되어 갈 무렵 기후가 따뜻해지면서 새, 토끼,
여우 등 작고 빠른 사냥감이 많아졌다. 이에 따라 날렵한 짐승들을 잡기 위해 활,
창, 작살 등의 석기를 나무 등에 꽂아 사용하는 이음도구(슴베찌르개)가 만들어졌
다. 예전에 비해 작고 정교해진 잔석기를 사용했던 이 시기는 구석기에서 신석기
로 넘어가는 과도기 단계로 '중석기 시대'라고 한다. 대표적인 유적지로는 통영 상
노대도, 거창 임불리 등이 있다.

✿ 부산 동삼동 선사 유적 | 신석기

신석기인들은 주로 강가나 바닷가에 살았으며, 서울 암사동과 부산 동삼동 유적 등이 대표적이다. 바닷가 언덕에 위치한 동삼동 신석기 유적은 조가비와 생활 쓰레기가 쌓여 이루어진 조개더미 유적이다. 이곳에서 석기 · 짐승 뼈 · 조가비 등으로 만든 생활 도구와 신석기를 대표하는 빗살무늬 토기가 출토되었다. 빗살무늬 토기의 발견은 이 시기에 농사를 지어 식량을 생산하고 저장했음을 보여 주는 것이다. 도구로는 돌을 갈아서 만든 간석기를 사용했다.

🎴 조개껍데기 가면 | 신석기

신석기 시대에는 자연 현상을 신성시하는 애니미즘과 특정 동물을 숭배하는 토테
미즘 등과 같은 원시 신앙이 나타나면서 다양한 형태의 예술품이 만들어졌다. 이
중에는 사람의 얼굴을 형상화한 것들이 많았는데, 이는 주술적 행위를 할 때 의식
용으로 사용되었다. 조개껍데기 가면은 가리비 껍데기에 눈과 입에 해당하는 구멍
을 뚫어 사람 얼굴 모양으로 만든 것이다. 신석기인들은 이처럼 주변에서 구하기
쉬운 재료를 이용하여 예술품을 만들었다.

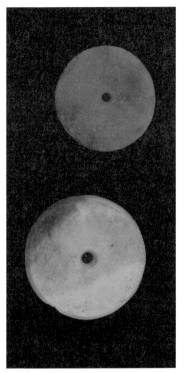

❀ 가락바퀴 | 신석기

신석기 시대에는 가락바퀴나 뼈바늘이 사용된 것으로 보아 원시적인 수공업이 이루어졌음을 알 수 있다. 가락바퀴는 실을 뽑을 때 사용된 도구이며, 뼈바늘은 의복이나 그물을 만들 때 사용된 도구이다. 이를 통해 신석기 시대부터 의복 생활이 이루어졌으며, 그물을 이용해 물고기를 잡는 지혜가 있었음을 알 수 있다. 가락바퀴는 가운데 뚫린 구멍에 가락(막대)을 끼워 움직이지 않도록 하고, 가락을 회전시켜 실을 꼬아서 뽑는 데 사용한다.

❈ 그물추 | 신석기

신석기 시대부터는 농경과 목축이 발달하면서 어로가 경제생활에서 차지하는 비중은 줄어들게 되었다. 하지만 물고기는 여전히 식량의 큰 몫을 차지하였기 때문에 신석기인들은 주로 강가나 바닷가에서 생활하였다. 물고기 잡이에는 돌이나 뼈로 만든 낚시 바늘이나 그물, 작살 등을 이용하였다. 그물추는 돌을 원형이나 타원형으로 갈아서 양쪽에 오목하게 홈을 만들어 그물에 매달아 그물이 물속에 가라앉도록 하는 도구이다.

❀ 돌갈판, 갈돌 | 신석기

우리나라에서는 기원전 8000년경부터 간석기와 토기를 사용한 신석기 시대가 시작되었다. 강가나 바닷가에서 정착 생활을 시작하면서 농경과 목축을 하게 되었다. 조와 피 등의 농사를 짓기 시작하면서 돌괭이로 땅을 일구고 돌낫과 뼈낫 등으로 추수를 하였다. 또 돌갈판과 갈돌을 이용하여 곡식을 갈아서 음식을 만들어 먹었다. 수렵·어로·채집을 하던 구석기에서 농경과 목축을 하는 신석기로의 경제적 생활 변화를 '신석기 혁명'이라고 한다.

❀ 선돌 ㅣ 청동기

청동기 시대가 되면서 정치력이나 경제력에서 우세한 부족들은 다른 부족들과 구분하기 위해 스스로 하늘의 자손이라고 믿는 선민사상을 가지고, 주변의 약한 부족을 정복하고 공납을 요구하였다. 또 이들은 돌에는 초자연적인 힘이 깃들어 있거나, 영혼과 같은 영적인 존재가 있다는 믿음을 가지고 거석문화를 이룩했다. 따라서 선돌은 청동기 시대 사람들이 거석을 숭배하던 신앙을 엿볼 수 있는 것이다. 선돌은 전국적으로 분포해 있다.

✿ 고령 양전동 바위그림 | 청동기

양전동 알터의 바위그림에는 동심원·큰 점·직선 등의 기하학적 무늬가 새겨져 있다. 동심원은 하늘, 즉 태양을 상징하는 것이다. 청동기 시대부터는 농업 사회가 확산되고 자연 현상에 영향을 많이 받게 되면서 태양 숭배 사상이 나타났다. 또 이런 바위그림은 풍요로운 생산을 비는 제사 터와 같은 의미를 지니며, 풍요와 다산을 기원하는 주술적 의미를 가지고 있다. 양전동 암각화는 알터마을 길목의 나지막한 바위 면에 새겨져 있다.

⊛ 울주 반구대 바위그림 | 청동기

바위그림은 선사인들의 주술적 의미나 예술 활동으로서 그들의 생활 모습을 바위
면에 새겨 놓은 것이다. 반구대 바위그림에는 멧돼지 · 사슴 · 호랑이 등의 동물과
새끼를 업고 있는 어미고래, 고래를 해체해서 등분을 나누는 모습, 그물에 걸린
동물 등이 표현되어 있다. 여기에는 사냥과 고기잡이의 성공과 풍요를 비는 주술
적 의미가 담겨 있다. 반구대는 기하학적 무늬 대신에, 동물과 고래 등을 사실적
이고 구체적으로 표현한 것이 특징이다.

⊛ 울주 천전리 바위그림 ㅣ 청동기

천전리 바위그림은 비스듬히 기울어진 넓은 바위 면에 그림을 새겨 넣은 것이기
때문에 상대적으로 비와 바람의 영향을 적게 받는 조건이다. 여기에 그려진 그림
은 동심원·마름모꼴·물결·나선과 같은 기하학적 무늬가 주를 이룬다. 기하학
적 무늬는 태양·강물·비 등을 상징하므로 풍요로운 생산력을 기원하는 선사인
들의 염원을 표현한 것이며 농경 사회와 깊은 관련을 가진다. 즉, 풍요와 다산을
기원하는 주술적 의미가 포함되어 있다.

❀ 탁자식 고인돌(북방식) | 청동기

청동기 시대부터 계급 사회가 시작되면서 지배자가 나타난다. 지배자의 대표적인 무덤이 고인돌이다. 우리나라 전역에 걸쳐 분포되어 있는 고인돌은 지배자, 즉 족장의 권위를 상징적으로 보여 주는 것이다. 왜냐하면 수십 톤에 달하는 덮개돌을 채석하여 운반하고 설치하기까지 수많은 사람들이 필요하기 때문이다. 따라서 고인돌은 당시 지배자가 수많은 사람을 동원할 수 있는 정치적 권력과 경제력을 가지고 있었음을 보여 주는 것이다.

❀ 바둑판식 고인돌(남방식) | 청동기

탁자식은 한반도 북쪽 지역에 주로 분포하여 '북방식'이라 불리고, 바둑판식은 주로 남쪽 지역에 분포하기 때문에 '남방식'이라 불린다. 고인돌의 전형적 형태인 북방식은 지상에 4개의 판석을 세워 돌방을 만들고 그 위에 거대한 뚜껑돌을 얹은 것이므로, 묘실이 지상에 나와 있다. 남방식은 낮은 굄돌 위에 덮개돌을 올려놓은 것이므로, 지하에 돌널무덤을 만들어 시신을 안치한다. 고창 및 강화 그리고 화순의 고인돌은 세계문화유산에 등재되어 있다.

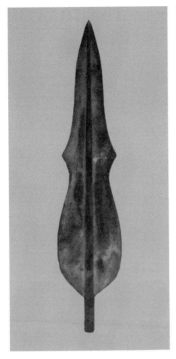 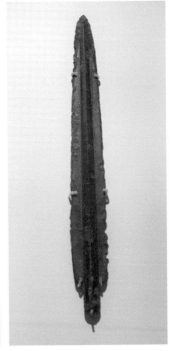

:: 비파형 동검 ::   :: 세형 동검 ::

✿ 청동검(비파형 동검/세형 동검) | 청동기

청동기 시대의 비파형 동검은 만주 요령 지방과 한반도 전역에 걸쳐 분포하고 있
으며, 초기 철기 시대로 가면서 한국식 동검인 세형 동검으로 발전하게 되었다.
비파형 동검과 미송리식 토기, 북방식 고인돌의 분포 지역은 고조선의 세력 범위
와 거의 일치한다. 따라서 한반도와 만주 지방의 청동기 문화는 같은 계통이며,
중국의 청동기 문화와는 다름을 알 수 있다. 초기 철기 시대는 청동제 유물이 많이
존재해 '후기 청동기 시대'라고도 한다.

:: 거친무늬 거울 ::   :: 잔무늬 거울 ::

❀ 청동 거울(거친무늬 거울/잔무늬 거울) | 청동기

청동 거울은 지배 계급의 의식 및 장식용 도구로 사용되었으며, 거울의 두 고리에
줄을 달아 족장의 가슴에 걸었다. 거울이 햇빛을 받아 광채를 내게 되면, 족장이
하늘의 태양과 같은 존재로 인식되어 족장의 권위를 높였음을 의미한다. 처음에는
표면이 거친 거친무늬 거울에서 초기 철기 시대로 가면서 표면이 다소 매끈한 잔
무늬 거울로 발전하였다. 거푸집과 세형 동검, 잔무늬 거울은 한반도에서만 발전
한 독자적인 청동기 문화이다.

❀ 반달돌칼 | 청동기

한반도에 농경과 목축이 시작된 시기는 신석기 시대부터이지만, 벼농사를 짓기 시작한 것은 청동기 시대부터이다. 벼농사를 지으면서 벼 이삭을 자를 때 사용하는 도구인 반달돌칼이 만들어졌다. 반달돌칼은 중앙부 두 개의 구멍 사이에 끈을 꿰어 끈 사이로 손가락을 집어넣어 사용하였다. 이 시기에 저습지에서는 벼농사가 이루어졌지만, 아직은 조·보리·콩 등의 밭농사가 중심을 이루었다. 또 수확한 곡물은 맷돌로 가공하기도 했다.

❀ 민무늬 토기 ｜ 청동기

토기는 농경 사회가 시작되면서 곡식을 저장하거나 음식 조리용으로 사용하기 위한 실생활의 필요에 의해 만들어졌다. 신석기 시대를 대표하는 빗살무늬 토기는 뾰족한 모양으로 만들어서 땅에 박아 놓기 쉽게 만들었다. 민무늬 토기는 청동기 시대를 대표하는 토기로 대부분 적갈색을 띠며, 모양은 밑바닥이 편평한 화분형과 밑바닥이 좁은 팽이형이 일반적이다. 이러한 유물들의 제작 시기는 탄소 연대 측정기를 통해 거의 정확히 알 수 있다.

❀ 거푸집 | 초기 철기

청동기는 구리에 주석이나 아연 등을 섞은 주물을 거푸집에 부어 만든다. 즉, 거푸집은 청동기를 만들 때 사용했던 모양 틀이며, 주로 돌에 원하는 모양으로 홈을 파서 만든다. 거푸집의 제작으로 동일한 청동기를 대량으로 만들 수 있어 생산력이 높아졌다. 또 거푸집은 한반도에서 청동기가 직접 제작되었음을 밝혀 주는 유물이다. 따라서 한반도에서 독자적인 청동기 문화가 형성되었음을 보여 주는 것이다. 사진은 종방울 거푸집이다.

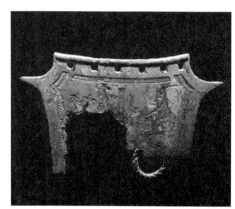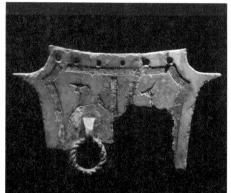

✳ 농경무늬 청동기 | 초기 철기

초기 철기 시대에 만들어진 것으로, 길이가 12.8㎝인 청동제 의식용 도구이다. 솟대에 앉은 새는 인간에게 곡식을 물어다 주어 풍요를 상징하며 신과 주술자를 연결하는 매개체 역할을 한다. 또 따비와 괭이로 농사를 짓는 모습과 항아리에 곡식을 담는 모습은 봄에 밭을 갈고 가을에 추수하는 것을 보여 준다. 이를 통해 이 시기에 농경이 본격적으로 시작되었음을 알 수 있으며, 따비나 괭이를 이용해 농사를 짓는 수준에까지 왔음을 보여 준다.

✥ 덧띠 토기 | 철기

한반도에 철기가 보급되기 시작한 것은 기원전 4세기경이지만, 일반화된 것은 기원전 1세기경에 철기가 널리 보급되면서부터이다. 더불어 철로 만든 농기구가 널리 사용되면서 농업 생산력이 많이 향상되었으며, 철제 무기의 사용으로 군사력도 증강되었다. 이에 따라 사용한 토기도 보다 다양해져 붉은 간 토기, 검은 간 토기, 덧띠 토기 등이 사용되었다. 또 덧띠 토기는 아가리 부분에 점토 띠를 말아 붙인 철기 시대의 대표적인 토기이다.

❀ 제 천 의 림 지 | 철기

삼한은 철기 문화가 보급되면서 나타난 연맹 국가이다. 특히 철제 농기구의 사용으로 이 지역에서는 벼농사를 중심으로 하는 농업이 발달하였다. 삼한 시대 이후 벼농사의 일반적인 보급에 따라 수리 시설의 필요성이 높아지면서 상주 공검지, 김제 벽골제, 밀양 수산제, 제천 의림지 등의 저수지가 만들어졌다. 이들 중에서 의림지는 지금도 관개용 저수지로 활용되고 있다. 충청도는 의림지 서쪽에 있다고 해서 호수 서쪽, 즉 '호서지방'이라 한다.

제2부

삼국 시대

✤ 익산 미륵사지 석탑 | 백제

목탑은 오래 보존되기 어렵다는 약점 때문에 점차 석탑을 만들게 되었다. 따라서 초기의 석탑은 돌을 재료로 사용했지만, 형태는 목탑의 양식을 따르게 되었다. 익산 미륵사지 석탑은 639년에 건립된 것으로 우리나라에 남아 있는 가장 오래된 석탑이며, 커다란 규모를 자랑하는 대표적인 탑이다. 또 목탑에서 석탑으로 넘어가는 과도기를 보여 주는 중요한 석탑이다. 9층으로 추정되는데 현재는 6층까지만 남아 있으며, 높이는 14.2m이다.

❀ 정림사지 석탑 | 백제

정림사지 5층 석탑은 익산 미륵사지 석탑을 계승한 탑으로, 백제 시대를 대표하는
석탑이다. 배흘림기둥의 기법을 도입했으며, 얇고 넓은 지붕돌의 소박한 멋은 목
조 건물의 양식을 충실히 따르지만 단순한 모방에 그친 것은 아니다. 따라서 투박
한 듯하지만 단아한 세련미를 지니고 있으며, 기교를 부리지 않은 소박함 때문에
고졸한 멋의 조형미를 보여 주는 석탑이다. 당나라 장수 소정방이 이 탑에 '백제를
정벌한 기념탑'이라는 글귀를 새겨 놓았다. 또 지붕돌의 처마선이 경쾌하며, 전체
적으로 균형이 잡힌 탑으로 유명하다.

✿ 왕인 박사 | 백제

백제 근초고왕 때 왕인은 논어 10권과 천자문 1권을 가지고 일본으로 건너가 쇼토
쿠태자의 스승이 되었으며, 일본 문화를 일으키는 중요한 계기가 되었다. 무령왕
때 단양이와 고안무도 한학과 유학을 전해 주어 일본에 정치 사상과 충효 사상을
보급시켰다. 이렇듯 삼국은 발달된 문화를 전수하여, 일본 고대의 아스카 문화를
이룩하는 기반이 되었다. 백제는 일본과 긴밀한 관계를 유지하여 삼국 중에서 일
본 문화 발전에 큰 영향을 끼쳤다.

✿ 서산 마애 삼존불 | 백제

백제의 불상을 대표하는 서산 마애 삼존불은 엷은 미소를 머금은 온화한 아름다움 때문에 '백제의 미소'라는 애칭을 가지고 있다. 절벽의 바위에 새겨진 불상이기 때문에 마애불이며, 세 분의 부처가 조각되어 있어 삼존불이다. 즉, 바위에 새겨진 세 분의 부처를 '마애 삼존불'이라 부른다. 부처의 웃는 모습이 태양빛이 비추는 방향에 따라 천차만별로 달라지기 때문에 서산 마애 삼존불의 미소를 신비한 미소라 하며, '백제의 미소'라 부른다.

⌘ 몽촌 토성 | 백제

백제는 한강 유역의 위례성에서 고구려 계통의 유이민인 온조에 의해 세워졌다. 몽촌 토성은 백제 초기인 한성 시대 때의 왕성인 위례성으로 추정되는 곳이다. 백제는 3세기 고이왕 때 관리의 복색과 관제를 마련하고 율령을 반포하면서 중앙집권국가의 기틀을 마련하였다. 4세기 후반 근초고왕 때는 활발한 정복 활동을 통해 전성기를 맞이하였으며, 왕위의 부자 상속이 이루어졌다. 또 중국의 요서 및 산둥과 일본의 규슈에까지 진출하였다.

✿ 부여 능산리 고분 | 백제

성왕 때 백제는 다시 중흥의 기반을 마련하게 되면서, 수도를 상대적으로 비좁은 웅진성에서 넓은 벌판이 있는 사비성으로 옮기고 나라 이름을 '남부여'라 하였다. 성왕은 제도를 정비하면서 왕권을 강화시키고, 또 신라와 힘을 합하여 고구려에 빼앗겼던 한강 유역을 되찾았지만, 진흥왕의 배신으로 신라의 공격을 받아 다시 빼앗겼다. 부여의 능산리 고분은 사비시대의 고분으로 굴식 돌방무덤이며, 건축 기술과 벽화가 매우 세련되었다.

:: 웅진 시대의 공산성 왕궁터 :: 산으로 둘러싸인 분지로 금강을 끼고 있다

✿ 공주 공산성 | 백제

웅진성은 백제 문주왕(475) 때 위례성에서 천도한 곳이다. 5세기 후반, 백제는 고구려 장수왕의 남진 정책으로 타격을 받아 그 중심지인 한강 유역을 빼앗겼다. 이로 인하여 백제는 한성에서 금강 유역인 웅진성으로 도읍을 옮겨 왔다. 그 이유는 북쪽에는 금강으로, 남쪽에는 계룡산으로 둘러싸인 안전한 지역으로서 고구려의 공격을 방어하기에 천연적인 요새지에 위치했기 때문이다. 공산성은 웅진 시대에 백제의 도성으로 왕궁이 있었던 곳이다.

✵ 공주 송산리 고분 | 백제

백제 초기인 한성 시대의 석촌동 고분은 고구려의 영향을 받아 돌무지무덤이 만들어졌지만, 웅진성과 사비성으로 오면서는 굴식 돌방무덤이 주를 이루게 되었다. 웅진 시대의 고분은 소박하지만 누추하지 않으며, 사비 시대에 와서는 귀족적인 미술이 발달했다. 백제의 돌방무덤과 벽돌무덤에는 내부에 방이 있어 벽과 천장에 사신도와 같은 벽화를 그릴 수 있었다. 이것 역시 고구려의 영향을 받은 것이나 부드럽고 온화한 멋으로 변했다.

✿ 무령왕릉 지석 | 백제

송산리 고분 중에서 무령왕릉은 벽돌무덤으로 중국 남조의 영향을 받은 것이다. 무령왕릉에서는 지석이 발견되어 무덤의 주인을 확실히 알 수 있는 것이 특징이다. 또 금제 관식, 무기, 그릇, 구리거울 등 많은 껴묻거리(부장품)가 발견되어 당시의 공예 기술이 발달되었음을 엿볼 수 있다. 무령왕은 지방에 22담로를 설치하고 왕족을 파견하여 지방에 대한 통제력을 강화하고, 고구려에 대한 적극적인 공세를 펼쳐 백제 중흥의 발판을 마련하였다.

❀ 익산 쌍릉 ｜ 백제

쌍릉은 백제 무왕과 선화공주의 묘로 알려져 있다. 서동요를 통해 선화공주와 결혼한 무왕은 정치적 안정과 정복 전쟁의 승리에 힘입어 왕권이 강화되자, 왕권을 과시하려는 목적에서 대규모 토목 공사를 벌였다. 왕궁의 남쪽에 인공 호수와 인공 섬이 있는 궁남지를 만들었고, 또 막대한 경비를 들여 동방 최대 규모의 익산 미륵사를 창건하였다. 더불어 무왕은 귀족 세력의 재편성과 왕권 강화를 위해 익산 천도를 시도했지만 실패했다.

❀ 칠지도 | 백제

백제는 삼국 중에서 일본과 가장 긴밀한 관계를 유지했던 나라이다. 다수의 백제 유이민이 일본 규슈 지방에 진출하여 국가 건설에 이바지했기 때문이다. 백제의 왕이 일본 왕에게 하사한 칠지도를 통해 백제와 왜가 친밀한 교류 관계에 있었음을 알 수 있다. 또 칠지도는 4세기 후반에 백제에서 강철로 만든 우수한 칼이며, 금으로 상감한 글씨가 새겨져 있다. 이를 통해 백제의 금속 기술이 우수했음을 알 수 있다. 길이는 74.9㎝이다.

❈ 사택지적비 | 백제

고조선 때부터 중국에서 들어온 한자를 삼국 시대가 되면서 널리 사용하게 되었다. 고구려에서는 중앙에 국립대학인 태학을 설립하여 지식층에게 한학과 경서를, 지방에는 경당을 세워 한학과 무술을 가르쳤다. 백제에서도 한학이 발달하여 5경 박사와 역박사 등 박사 제도를 두었다. 또 사택지적비는 백제의 사택지적이라는 사람이 나이가 들어가면서 인생의 무상함을 느낀 내용을 한자로 기록한 비석으로, 도교의 노장 사상이 반영되어 있다.

❀ 산수무늬 벽돌 | 백제

산수무늬 벽돌에는 인간이 자연과 더불어 살고자 하는 도교 사상이 내포되어 있다. 산수무늬 벽돌의 앞쪽에는 시냇물이 흐르고, 그 뒤쪽에는 세 개의 봉우리로 이루어진 산들이 첩첩히 새겨져 있다. 따라서 무릉도원에서 자연으로 돌아가고자 하는 무위자연을 추구하는 듯한 느낌을 준다. 또 도교는 불로장생의 신선이 되는 것을 목표로 삼고 있는데, 도교의 영향을 받은 백제의 유물로는 산수무늬 벽돌, 사택지적비, 백제 금동 대향로 등이 있다.

✿ 낙화암 | 백제

부소산성 서쪽의 백마강변 낭떠러지에 있는 절벽 바위를 '낙화암'이라 한다. 의자
왕의 호화 사치와 지배층의 분열로 국력을 다한 백제는 계백이 황산벌에서 결사
항전을 벌였지만 패배하여 사비성이 함락되고 말았다. 이에 의자왕을 모시던 궁녀
들이 굴욕을 면하지 못할 것을 알고, 이곳에서 치마를 뒤집어쓰고 백마강에 몸을
던졌다고 전해지는 곳이다. 이때 떨어진 궁녀들을 꽃에 비유하여 이곳을 '낙화암'
이라 부르게 된 것이다. 백제 패망의 한이 깃든 곳이다.

❀ 연가 7년명 금동 여래 입상 ┃ 고구려

이 불상은 광배의 뒷면에 '연가 7년'으로 시작하는 글자 47자가 새겨져 있다. 내용은 평양 동사의 승려들이 세상에 불교를 알리기 위해 1,000개의 불상을 만들기 시작했으며, 그중에서 29번째로 만들어졌다는 것이다. 여기에서 '연가'는 고구려에서 독자적으로 사용된 연호이다. 이를 통해 경남에서 발견되었지만 고구려 불상이라는 것을 알 수 있다. 따라서 당시 고구려의 국력이 매우 컸음은 물론, 불교를 전파하려는 의지가 높았음을 알 수 있다.

❁ 온달산성 | 고구려

소백산맥 북쪽 지역인 단양은 삼국의 영토 확장 경쟁이 가장 치열했던 곳으로, 고구려와 신라의 영토 확장을 위한 전초 기지였다. 단양의 온달산성은 고구려 평원왕 때 사위인 온달 장군이 신라의 침입을 막기 위하여 축성한 산성으로서 돌로 쌓은 석성이다. 온달 장군은 신라에 빼앗긴 남한강 유역을 되찾기 위해 오면서, 조령과 죽령 서쪽 땅을 되찾기 전에는 고국으로 돌아오지 않겠다는 결의를 다졌지만 신라군과 싸우다 화살에 맞아 죽었다.

✿ 호우명 그릇 | 고구려

호우명 그릇은 415년 장수왕 3년에 만든 광개토대왕의 제사용 그릇이다. 그릇 바닥면에 '호우'라는 글자가 있어 호우명 그릇이라 한다. 신라 내물왕 때인 400년에 고구려 광개토대왕의 도움을 받아 신라에 침입한 왜를 물리쳤다. 이를 계기로 고구려군이 신라 영토에 머물게 되었으며, 이후 고구려와 신라는 긴밀한 관계를 유지하게 되었다. 따라서 호우명 그릇은 두 나라의 관계를 보여 주는 증거물이다. 경주 호우총에서 이 그릇이 발견되었다.

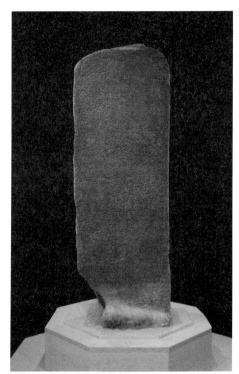

✿ 중원 고구려비 | 고구려

고구려 장수왕이 국내성에서 평양으로 천도한 데에는 왕권 강화와 남진 정책에 목
적이 있었다. 고구려가 남진 정책을 본격적으로 추진하자 위협을 느낀 신라와 백
제는 나제 동맹을 맺어 대항하였다. 하지만 백제를 치고 한강 유역을 차지하면서
삼국 간의 항쟁에서 주도권을 잡은 고구려는 아산만에서 소백산맥을 넘어 영일만
까지 영토를 넓혔다. 이때 남한강 상류 지역인 지금의 충주를 점령하고 그 기념으
로 세운 비가 중원 고구려비이다.

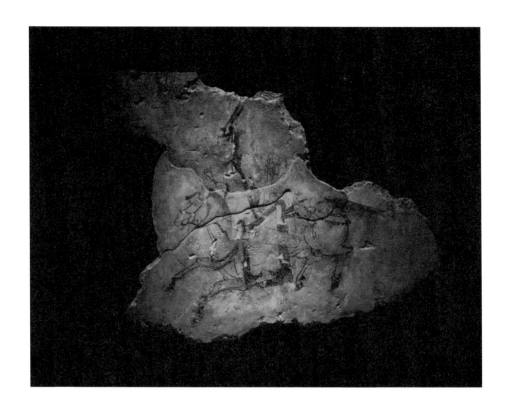

❀ 기마인물도 벽화편 | 고구려

기마인물도는 쌍영총 널길 서쪽 벽에 그려져 있던 벽화의 일부분이다. 쌍영총 벽
에는 말 탄 사람, 수레, 악대, 여인행렬도, 주인부부 초상, 사신도 등 풍부한 벽
화가 그려져 있었지만, 지금은 거의 사라졌다. 앞방과 널방 사이의 통로에 2개의
커다란 8각기둥이 있어 '쌍영총'이라 부른다. 앞방과 널방의 천장은 평행삼각고임
식구조이며, 벽면에 백회를 바르고 그 위에 벽화를 그렸다. 기마인물도는 말을 탄
사람이 그려져 있는 그림이다.

⊞ 반월성 | 신라

반월성은 신라 천 년 동안 궁궐이 있었던 도성이다. 자연적인 언덕 위에 흙과 돌을
혼용하여 쌓았고, 지형이 반달 모양으로 생겼다 하여 '반월성'이라 부른다. 남쪽으
로는 모래내라는 남천이 흘러 자연적인 방어 시설이 되었고, 북·동·서쪽으로는
적의 침입을 막고 외부인이 쉽게 접근하지 못하도록 성곽 주변에 인공적으로 만든
물웅덩이인 해자를 팠다. 반월성의 천존고에는 용으로 변한 문무왕이 신문왕에게
준 만파식적이 보관돼 있었다고 전해진다.

✿ 계림 | 신라

계림은 경주 김씨의 시조 김알지가 태어났다는 전설을 가진 숲이다. 신라 탈해왕
때 충신이었던 호공이 이 숲에서 닭 우는 소리가 들려 가까이 가 보니 나뭇가지에
금궤가 빛을 내며 걸려 있었다고 한다. 이 소식을 들은 임금이 직접 이 숲에 가서
금궤를 내려 뚜껑을 열자, 금궤 속에서 사내아이가 나왔다. 금궤에서 태어났기 때
문에 성을 '김(金)', 아기라는 뜻으로 이름을 '알지'라 했다. 그 후 닭 우는 소리가 들
렸다는 이 숲을 '계림'이라 부르게 되었다.

✽ 나정 | 신라

나정은 신라 시조 박혁거세가 태어났다는 전설이 있는 우물이다. 신라 6부 촌장
중의 한사람인 고허촌장이 우물가에서 흰말이 무릎을 꿇고 울고 있는 것을 보았
다. 그곳에 가 보니 말은 사라져 없고 그 자리에 큰 알이 빛을 내고 있었다. 그 알
에서 사내아이가 태어났으며, 13세가 되던 기원전 57년에 6부 촌장들이 그를 임금
으로 추대했다. 박처럼 생긴 알에서 태어났기 때문에 성을 '박(朴)'이라 지었으며,
'혁거세'라는 이름은 세상을 밝게 한다는 뜻이다.

❀ 중성리 신라비 | 신라

중성리 신라비는 현존하는 가장 오래된 신라의 비석이다. 2009년 포항시 중성리에서 이 비가 발견되기 전까지는 냉수리 신라비가 가장 오래된 것으로 알려져 있었다. 중성리비는 501년에 건립된 것으로 냉수리비보다 2년 앞선다. 이 비석은 재산과 관련된 소송의 판결 내용을 담고 있다. 어떤 사람이 모단벌의 재산을 빼앗았는데, 그 진상을 파악하여 원래의 주인에게 돌려주게 하고 이에 대해서 다시 문제삼지 못하게 했다는 내용이다.

:: 냉수리 신라비 ::

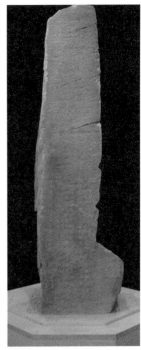

:: 봉평 신라비 ::

❀ 냉수리 신라비 / 울진 봉평 신라비 | 신라

영일 냉수리 신라비는 지증왕 때 만들어진 것으로 현존하는 신라 비석 중에서 두 번째로 오래된 것이며, 신라 초기 율령 체제를 알 수 있다. 냉수리 신라비에는 재산 분쟁을 판결해 주는 내용이 기록되어 있다. 하지만 율령이 성문법으로 반포된 시기는 법흥왕 때이다. 따라서 냉수리 신라비는 아직은 공식적으로 율령이 반포되기 이전이다. 봉평 신라비(524년)는 법흥왕 때의 율령 반포와 육부제의 실시 등을 알 수 있는 실마리를 제공하고 있다.

✿ 단양 신라 적성비 ｜ 신라

신라 진흥왕은 백제와 연합하여 고구려를 쳐서 한강 상류 지역인 단양을 점령하고
그 기념으로 단양 적성비를 세웠다. 단양은 남한강의 상류이면서 죽령 이북에 위
치하여, 삼국이 연결되는 중심지로서, 선점 대상이 된 군사적 요충지이다. 또 신
라 입장에서 이 단양 지역을 차지했다는 것은 아주 큰 의미가 있다. 소백산맥 이남
에 국한되던 영토가 소백산맥을 넘어 더 넓은 지역으로 진출할 수 있는 전진 기지
로서의 발판을 마련한 것이기 때문이다.

✿ 북한산 진흥왕 순수비 | 신라

신라는 백제와 연합을 하고 있었지만, 백제가 되찾은 한강 하류 지역을 553년에
빼앗았다. 2년 뒤 진흥왕은 이 지역을 순시하면서 이를 기념하기 위하여 북한산
비봉에 북한산비를 세웠다. 이로써 신라가 한강 유역 전역을 차지하게 되었음을
알 수 있다. 조선 시대에는 이 비가 무학대사의 비라고 알려져 있었지만, 금석문
을 연구했던 김정희가 1816년에 이 비가 진흥왕 순수비임을 밝혀낸 후 그 내용을
비석 왼쪽 면에 기록해 놓았다.

❀ 창녕 진흥왕 순수비 | 신라

한강 유역을 차지한 진흥왕은 이어서 가야 연맹의 맹주인 대가야를 정복하여 낙동
강 유역을 차지하고, 동해안을 따라 함흥평야까지 진출하였다. 새로 차지한 영토
를 순시하면서 그 기념으로 세운 비를 '순수비'라 한다. 4개의 진흥왕 순수비는 낙
동강 유역의 창녕비, 한강 하류의 북한산비, 함경도의 마운령비와 황초령비이다.
순수비와 달리 단양 적성비는 새로운 영토를 점령하고 그 기념으로 세운 비이기
때문에 '척경비'라고 한다.

✿ 천마총 | 신라

신라 고분은 주로 거대한 돌무지 덧널무덤으로, 시신과 껴묻거리를 넣은 나무덧널을 설치하고 그 위에 댓돌을 쌓은 다음 흙으로 덮는 방식이다. 이러한 무덤 양식은 도굴이 매우 어려워 보존 상태가 양호하므로 많은 껴묻거리가 그대로 남아 있다. 이 무덤에서 말의 안장 양쪽에 달아 늘어뜨리는 자작나무 껍질로 만든 장니가 발견되었다. 장니에 그려진 천마도가 발견되어 '천마총'이라 한다. 여기에서 '총'은 무덤의 주인이 누구인지 알 수 없으며 그 무덤에서 발견된 유물이나 상징적인 특징으로 이름을 지을 때 붙인다.

✖ 효충사(박제상 유적) | 신라

효충사는 신라 충신 박제상을 기리기 위해 세운 사당이다. 박제상은 백제를 견제하기 위해 고구려와 왜에 군사 원조를 요청하기 위해 파견되었다가 볼모로 잡혀 있던 눌지왕의 동생인 복호와 미사흔을 구출시켰다. 눌지왕 때는 왕위의 부자 상속이 이루어졌으며, 고구려 장수왕의 남진 정책을 견제하기 위해 백제 비유왕과 나제 동맹을 맺었다. 또 소가 끄는 수레인 우차의 사용법을 가르쳐 운반의 편리함과 농업 생산력을 향상시켰다.

✿ 백률사 | 신라

법흥왕은 불교를 백성들에게 알리고 왕권을 강화시키려 했으나, 신하들의 반대로 공인할 수가 없었다. 이차돈이 왕명을 어기고 절을 짓는다는 소문에 신하들이 크게 반대하자 그의 목을 베도록 했다. 목을 베자 흰 피가 솟아올랐으며, 머리는 경주 북쪽 소금강산으로 날아가 떨어졌다. 이 기이한 현상에 어리석음을 깨달은 신하와 법흥왕은 불교를 공인하게 되었다. 머리가 떨어진 곳에 절을 지은 후, 흰 피의 율법이 흐른다고 해서 '백률사'라 불렀다.

✸ 이차돈 순교비 | 신라

삼국은 중앙 집권 국가로 발전하면서 관등 조직을 마련하고 율령을 제정하였다. 또 국민의 정신적 통일을 위해 불교를 수용하였다. 고구려는 소수림왕 때 전진에서 순도가 전래하였으며(372), 백제는 침류왕 때 동진에서 마라난타가 불교를 받아들였다(384). 신라는 눌지왕 때 고구려로부터 전해졌으나, 뿌리 깊은 고유 신앙과 귀족의 반발로 받아들여지지 못하다가, 법흥왕 때 이차돈의 순교가 있은 후에 불교를 국가적으로 공인하였다(527).

임신서기석 | 신라

임신서기석은 신라 진평왕 때 화랑 두 명이 나라에 충성하고 부모에게 효도할 것을 맹세하며, 예기 및 춘추 등 유교 경전을 3년 안에 익힐 것을 담고 있는 비석이다. 즉, 유교 사상과 도덕을 공부하고 몸소 실행할 것을 서약한 것이다. 이 비석을 통해 신라에서도 한학이 발달했음을 알 수 있다. 삼국에서 한학의 발달과 정치 · 사회적 발전은 역사서 편찬으로 이어졌다. 이에 따라 고구려의 유기 · 신집, 백제의 서기, 신라의 국사가 편찬되었다.

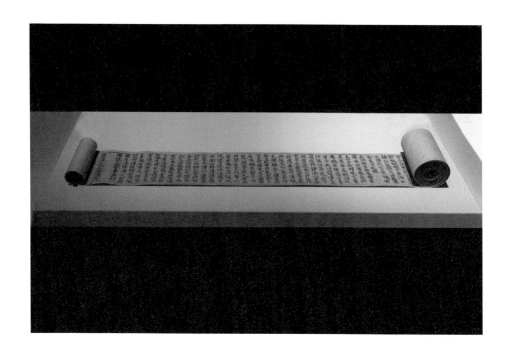

❀ 무구정광대다라니경 | 신라

무구정광대다라니경은 현존하는 세계에서 가장 오래된 목판 인쇄물이다. 이는 석가탑 2층 탑신에서 사리 장엄구와 함께 발견되었다. '무구정광'은 '더러움이 없이 깨끗하다'는 의미이고, '다라니'는 '주문'을 뜻하며, '경'은 '경전'을 말한다. 즉, 무병장수하고 재앙이 없기를 바라는 마음을 담은 경전이다. 이는 너비 8㎝, 길이 620㎝의 닥나무 종이로 만든 두루마리 책으로, 지금까지 보존될 수 있을 만큼 종이의 질이 우수하다.

❀ 얼굴무늬 수막새 | 신라

목조 건축물의 기와지붕은 넓은 암키와를 놓고 암키와와 암키와가 만나는 부분에
는 수키와를 덮는다. 그리고 처마 끝에는 앞이 막힌 막새로 마감을 하며, 여러 가
지 문양으로 장식을 한다. 신라 와당의 대부분은 연꽃무늬로 장식을 했지만, 수줍
은 듯 해맑게 미소 짓는 여인의 얼굴이 조각된 매우 특이한 얼굴무늬 수막새가 발
견된 것이다. 이 아름다운 미소 때문에 얼굴무늬 수막새를 우리는 '신라의 미소' 또
는 '천년의 미소'라고 부른다.

✿ 신라 토우 | 신라

토우는 흙으로 빚어서 만든 인형을 말한다. 토우는 대부분 10㎝ 미만의 작은 크기이며 투박스럽게 만들었지만, 당시 사람들의 생활 모습을 파악하는 데 큰 도움이된다. 의복, 농경 모습, 가축 사육, 수레 사용, 노래하고 악기를 연주하는 모습 등의 생활 모습을 알 수 있다. 또 성기를 노골적으로 표현한 토우를 통해 다산과 풍요를 기원하는 주술적인 의미가 깃들어 있음을 알 수 있다. 이러한 토우는 주로 무덤 부장품으로 쓰였다.

✿ 첨성대 | 신라

첨성대는 선덕여왕 때 만들어진 동양에서 가장 오래된 천문대이다. 천문학은 하늘
의 움직임에 따라 농사 시기를 결정한다는 점에서 농업과 관계가 깊다. 아래 기단
부가 1단, 몸체부가 27단, 상층부가 2단, 총 단 수는 30단으로 1달 30일을 의미
한다. 몸체부는 중간에 있는 출입구 3단을 기준으로 아래로 12단, 그 위로 12단이
다. 이것은 1년 12달과 24절기를 의미한다. 몸체부의 돌 조각 수는 365개로 1년
을 의미한다. 높이는 9.48m이다.

✿ 분황사 모전석탑 | 신라

현재 남아 있는 신라 석탑 가운데 가장 오래된 탑으로, 원래 9층이었으나 지금은 3층까지만 남아 있다. 또 기단의 네 귀퉁이에는 사자상이 조각되어 있으며, 탑의 문에는 금강역사가 조각되어 있다. 분황사탑은 돌을 벽돌 모양으로 다듬어 쌓아 올린 모전석탑이다. 탑은 사용 재료에 따라 나무로 만든 '목탑', 돌로 만든 '석탑', 흙을 구워 만든 벽돌을 사용한 '전탑', 돌을 벽돌 모양으로 다듬어 쌓아 올린 '모전석탑' 등으로 나뉜다. 그리고 모전석탑은 전탑을 모방했다고 해서 붙여진 이름이다.

✿ 금동 미륵보살 반가 사유상 | 신라

삼국 시대 불상으로는 가장 대표적인 것이 신라의 금동 미륵보살 반가 사유상이다. 미륵보살은 석가모니불이 열반에 들고 나서 56억 7천만 년 후부터 중생을 구제하기로 정해져 있는 미래의 부처이다. 지금은 이를 준비하는 과정으로 정진과 사색에 매진하고 있으며, 반가 사유상은 이런 모습을 형상화한 것이다. 또 날씬한 몸매와 미소가 아름답기로 유명하다. 그리고 형태나 특징으로 보아 당시 일본의 반가 사유상에도 영향을 주었다.

❀ 배리 삼존불 | 신라

신라의 천년고도인 경주 남산자락에는 신라 시대 절터가 많이 발견되었듯이 불상
도 흔히 볼 수 있다. 그중에서도 배리 삼존불상은 온화하면서도 부드럽고 은은한
미소를 띠고 있는 아름다움 때문에 신라를 대표하는 불상으로 손꼽힌다. 중앙의
본존불은 천진난만한 미소를 짓고 있으며, 손 모양은 시무외인과 여원인을 취하고
있으며, 발은 귀엽게 표현되어 있다. 또 왼쪽 불상은 조각 수법이 화려해서 신라
조각의 우수성을 잘 보여 준다.

✿ 황룡사지 | 신라

황룡사는 진흥왕 때부터 국가적인 사업으로 만들어진 신라 최대 규모의 사찰이다.
선덕여왕 때 자장율사의 권유로 80m 높이의 9층 목탑을 세웠다. 여기에는 주변의
9개 나라를 물리치고자 하는 염원이 담겨 있다. 각 층마다 상징하는 적국은 1층부
터 일본, 중국, 오월, 탁라, 응유, 말갈, 거란, 여진, 예맥을 상징한다. 645년 백
제 아비지에 의해 완공되었지만, 1238년 몽고의 침입으로 불타 없어지고, 지금은
거대한 초석만 남아 있다.

❀ 내물왕릉 | 신라

신라는 4세기 내물왕 때 중앙 집권 국가의 기틀이 마련되면서 김씨가 왕위를 세습하게 되었다. 또 왕호도 '이사금(연맹장)'에서 '마립간(대군장)'으로 바뀐 것은 왕권이 강화되고 중앙 정부의 통제력이 강화되었음을 의미한다. 눌지왕 때 왕위의 부자 상속이 이루어졌으며, 지증왕 때 왕호를 중국식인 '왕'으로 바꾸었다. 고구려는 2세기 태조왕, 백제는 3세기 고이왕 때 왕위를 독점적으로 세습하면서 중앙 집권 국가의 기틀이 마련되었다.

✿ 선덕여왕릉 | 신라

선덕여왕은 632년 진평왕이 아들 없이 세상을 떠나자 화백회의의 결정에 따라 신라 최초의 여왕으로 즉위하게 되었다. 642년 백제의 의자왕에게 40여 성을 빼앗기자 김춘추를 고구려로 보내 구원을 요청했으나 실패하여, 당에 사신을 보내 원병을 요청하였다. 김유신을 대장군으로 임명하고 백제를 공격하여 크게 승리하면서, 신라가 삼국 통일을 이룩하는 기틀을 다지게 되었다. 또 첨성대와 황룡사 9층 목탑 등을 건립하는 업적도 남겼다.

⊞ 무열왕릉 | 신라

김춘추는 진평왕의 외손자이며, 부인은 김유신의 동생 문희이다. 진덕여왕이 자손 없이 세상을 떠나자, 김유신의 힘을 빌려 김춘추가 성골이 아닌 진골 출신 최초로 왕위에 올라 태종무열왕이 된다. 무열왕은 백제 및 고구려와 전쟁을 치르는 과정에서 전제 왕권을 확립시켜 나갔다. 이로써 8세기 후반 혜공왕 때까지 무열왕의 직계 후손들이 왕위를 계승할 수 있었다. 따라서 시기적으로 무열왕부터 혜공왕까지를 '신라 중대 사회'라고 부른다.

✿ 김수로왕릉 | 가야

김수로왕은 금관가야의 시조이자 김해 김씨의 시조이다. 낙동강 하류의 변한 지역
에서는 철기 문화를 바탕으로 농업 생산력이 증대되어 점진적인 사회 통합을 거쳐
2세기 이후 6가야가 등장하면서 연맹 국가로 발전하였다. 구지봉에 하늘에서 빛이
나더니 붉은 보자기에 싸인 6개의 황금 알이 내려왔으며, 그 알에서 모두 사내아
이가 태어나 6가야의 왕이 되었다. 그중 가장 먼저 깨어난 9척의 소년이 수로왕이
다. 부인은 인도 사람 허황옥이다.

❀ 김해 대성동 고분 | 가야

전기 가야 연맹의 맹주인 금관가야는 풍부한 철의 생산과 유리한 해상 교통을 이용하여 낙랑과 왜의 규슈를 연결하는 중계 무역으로 번성하였다. 이로 인해 해상 왕국으로 번영을 누려 여러 가야를 대표하는 맹주국이 되었다. 왜군과 싸우는 신라를 돕기 위해 고구려가 5만의 군사로 낙동강 유역으로 공격해 오자, 왜와 연합해 있던 금관가야는 큰 타격을 입어 맹주로서의 지위를 잃었다. 이 고분은 금관가야의 대표적인 고분이다.

✿ 고령 지산동 고분 | 가야

후기 가야 연맹의 맹주는 전쟁의 피해를 입지 않은 고령의 대가야로 넘어갔다. 대가야는 질 좋은 철을 많이 생산하였고, 좋은 농업 입지 조건을 갖추고 있었다. 가야는 각 소국이 독자적인 정치 기반을 유지했으므로 그 지배력을 집중시키지 못했다. 6세기에 이르러 가야는 백제와 신라의 압력을 받아 정치적으로 불안해지면서, 결국 통일 왕국을 이루지 못한 채 연맹 왕국으로 멸망하고 말았다. 지산동 고분은 대가야의 대표적인 고분이다.

✿ 봉황대 유적 | 가야

김해 봉황대 일대는 금관가야 지배층의 집단 취락이 있던 생활 중심지였다. 봉황대의 동쪽 아래에는 가야 왕실의 왕궁 터가 있고, 그 외곽에는 나성으로 추정되는 가야 시대 토성이 발굴되었다. 또 하늘에 제사를 지냈던 천제단이 있었던 것으로 추정되며, 대규모 고상 가옥과 방어 시설인 망루 등이 있었음이 확인되었다. 접안 시설을 통해 다른 나라와 교류가 이루어지던 가야의 무역항임을 알 수 있다. 이곳은 금관가야 유적의 중심지이다.

✵ 회현리 조개무지 | 가야

김해 회현리는 가야 시대의 대표적인 조개무지가 있던 곳이다. 또 회현리 조개무지는 1907년 우리나라 최초로 고고학적 발굴조사가 이루어진 곳으로 유명하다. 조개무지 인근의 봉황대 일대는 집단 취락이 있던 곳으로, 가야 사람들이 먹고 버린 조개껍데기가 모여 쌓인 것이다. 생활 쓰레기도 같이 발견되어 그 시대 사람들의 생활상을 파악할 수가 있다. 중국의 동전인 화천이 출토되어 중국과의 교역이 이루어지고 있었음을 보여 준다.

❀ 수레바퀴 토기 | 가야

가야 연맹에서는 일찍이 철제 농기구를 이용하여 벼농사를 짓는 등 농경 문화가 발달하였으며, 풍부한 철의 생산과 해상 교통을 이용하여 낙랑과 왜의 규슈를 연결하는 중계 무역이 발달하였다. 특히 금관가야는 해상 활동에 유리한 입지, 대가야는 유리한 농업 입지 조건을 갖추고 있었다. 이런 토대 위에 가야 연맹에서는 토기의 제작 기술이 발달하였다. 수레바퀴 토기 등과 같은 특이한 모양의 토기는 특히 가야 지역에서 성행한 것이다.

✿ 구형왕릉 | 가야

구형왕은 김유신의 증조부로 532년 신라 법흥왕에게 영토를 넘겨준 금관가야의
마지막 왕이다. 구형왕릉은 산기슭 경사면에 자연석을 쌓아 만든 계단식 돌무지무
덤이다. 총 7개의 층단으로 되어 있으며, 높이는 7.15m이다. 넷째 단의 중앙에는
가로 세로 40㎝의 감실이 있으며, 용도는 밝혀지지 않았다. 가야에서는 흙으로 덮
는 높은 원형의 무덤이 일반적인 데 비해, 이 무덤은 독특한 형태이다. 또 이는 고
구려의 장군총과 유사한 형태이다.

제3부

남북국 시대

✿ 불국사 | 통일 신라

통일 신라의 미술을 대표하는 것은 불국사와 석굴암이다. 불국사는 불교 세계의 이상을 표현한 것으로, 3층 석탑과 다보탑 등의 아름다운 세련미를 엿볼 수 있다. 특히 대웅전으로 오르는 청운교와 백운교 등의 돌계단과 범영루는 조화를 이루어 입체적인 아름다움을 나타내고 있다. 석굴암은 돌을 쌓아서 만든 인공의 석굴 사원으로, 당시의 수학과 건축 기술의 발달 수준이 높았음을 알 수 있게 해 준다. 세계문화유산으로 등록되어 있다.

✸ 불국사 3층 석탑 ｜ 통일 신라

통일 신라로 오면서 석탑은 삼국 시대의 목탑과 전탑 양식을 계승하면서도, 모서리마다 돌을 깎아 기둥 모양을 새기고, 이중 기단 위에 3층으로 탑을 쌓는 전형적인 석탑 양식을 완성하게 되었다. 따라서 '석가탑'이라 불리는 불국사 3층 석탑은 통일 이후 축조해 온 석탑의 기준이 되는 전형적인 양식이라고 할 수 있다. 간소하면서도 세련미를 느낄 수 있으며, 균형과 비례가 맞는 아름다움을 지니고 있는 석탑이다. 일명 '무영탑'이라고도 한다.

✿ 불국사 다보탑 | 통일 신라

다보탑은 전형적인 석탑 양식에 벗어난 특이한 형태이지만, 높은 예술성과 건축술을 보여 주고 있다. 이 탑은 층수를 헤아리기가 쉽지 않지만 보통 2층으로 본다. 다보탑은 화려하면서도 균형이 잘 잡힌 아름다움과 세련미를 지닌 석탑이다. 통일 신라를 대표하는 석탑인 석가탑과 다보탑을 같이 세운 이유는, 현재의 부처인 석가여래가 설법하는 것을, 과거의 부처인 다보불이 옆에서 옳다고 증명한다는 법화경의 내용에 따른 것이다.

⊛ 석굴암 본존불상 | 통일 신라

통일 신라에 오면서 균형 잡힌 불상들이 많이 만들어지는데, 그 최고의 경지를 보여 주는 것이 석굴암 본존불상이다. 석굴암 주실에 있는 본존불은 균형미와 더불어 사실적인 표현이 세련미를 더해 준다. 화려하지 않은 간소한 표현이 오히려 본존불의 아름다움을 더해 주고 있다. 석굴암은 돌을 쌓아 만든 인공 석굴 사원으로, 직사각형의 전실과 원형의 주실로 되어 있으며, 기하학적 기법을 응용하여 조화의 미를 추구하였다.

❀ 정혜사지 13층 석탑 | 통일 신라

일반적인 석탑은 돌로 기단을 쌓고 그 위에 탑신을 올린다. 그런데 이 탑의 기단은 가장자리에 돌을 쌓고 그 안에 흙을 채운 토단으로 되어 있다. 석탑에서는 유례를 찾아보기 어려운 독특한 양식이다. 또 13층이라는 높은 층수도 일반적으로 보기 드문 경우이다. 탑신부는 1층의 몸돌과 지붕돌이 거대한 데 비해 2층부터는 몸돌과 지붕돌이 급격히 작아지지만, 오히려 안정감과 균형감을 주고 있다. 탑의 높이는 5.9m로 높은 편은 아니다.

✿ 화엄사 4사자 3층 석탑 | 통일 신라

통일 신라 석탑의 전형은 석가탑이지만, 신라 말기로 오면서 석탑의 양식에도 많은 변화가 나타났다. 화엄사 4사자 3층 석탑은 기단과 탑신에 부조로 불상을 새긴 것으로 유명하다. 또한 탑신부와 상륜부는 3층의 탑신 위에 상륜부를 얹어 놓은 전형적인 신라 석탑의 형태지만, 기단부는 무릎을 꿇고 앉은 암수 2쌍의 사자 4마리가 탑신을 떠받치고 있는 것이 특이하다. 따라서 신라 시대의 사자 석탑으로는 유일한 작품이며 걸작이다.

✳ 충주 탑평리 7층 석탑 | 통일 신라

탑평리 7층 석탑은 우리나라의 중앙부에 위치한다고 해서 '중앙탑'이라 부르기도 한다. 통일 신라의 석탑은 3층이 일반적이기 때문에 7층 석탑으로는 유일하다. 또 높이가 14.5m로 통일 신라의 석탑으로는 규모가 크고 웅장하며, 높이가 가장 높은 탑이다. 충주는 지방 세력을 통제하기 위해 설치된 5소경 중에서 중원경에 해당하는 지역이다. 이 탑은 불교의 힘을 빌려 지방 세력과 반신라적인 민심을 진정시키기 위한 염원에서 세워졌다.

⊞ 영암사지 쌍사자 석등 | 통일 신라

석등의 전형적 양식은 화사석과 기둥이 모두 팔각형인 팔각원당형 석등인데, 쌍사자 석등은 팔각기둥 대신 두 마리의 사자를 서로 마주 보게 세워 놓았다. 통일 신라의 쌍사자 석등으로는 속리산 법주사와 합천 영암사지, 그리고 국립광주박물관에 소장되어 있는 중흥사지 쌍사자 석등이 있다. 영암사지 쌍사자 석등은 두 발을 알맞게 벌리고 서 있는 사자와 불을 밝히는 화사석의 비례가 정확하면서 소박한 아름다움을 주는 예술품이다.

✿ 법주사 쌍사자 석등 | 통일 신라

법주사 쌍사자 석등은 쌍사자 석등 가운데 가장 오래된 것으로, 높이가 3.3m로 규모도 제일 크다. 또 사자의 갈기와 근육까지 사실적으로 표현되어 있는 걸작이다. 쌍사자보다 위에 있는 화사석이 상대적으로 크게 조각되어 있지만 바닥돌이 넓어 균형을 이룬다. 쌍사자 석등은 중국 등 주변의 나라에서는 볼 수 없는 통일 신라의 독창적 예술품이다. 사자는 우리나라에 살지 않았지만, 삼국 시대 이래 사자를 조각해 놓은 석조물이 종종 있다.

❀ 부석사 석등 | 통일 신라

부석사 석등은 높이가 2.97m로 키가 큰 편이지만, 단아하면서도 균형이 잡힌 걸
작품으로 전형적인 팔각석등이다. 연꽃무늬 하대석 위에 팔각형의 기둥(간주석)이
서 있으며, 그 위로 팔각형의 화사석을 받치는 상대석에도 여덟 잎의 연꽃이 새겨
져 있다. 또 불을 밝힐 수 있도록 창을 만들어 놓은 화사석에는 미소를 짓고 있는
공양보살상이 조각되어 있다. 지붕돌이 다소 비대해 보이는 듯하지만 처마선의 매
력으로 경쾌함을 보여 주고 있다.

⌘ 상원사 동종 | 통일 신라

통일 신라 때에는 범종 주조 기술이 뛰어나 우수한 범종들이 많이 만들어졌다. 그
중에서도 오대산 상원사 동종은 우리나라에서 가장 오래된 범종으로, 종 표면에
조각되어 있는 비천상에서는 힘이 느껴진다. 또 하나의 유곽 안에는 9개의 종유가
조각되어 있다. 종유는 대부분 돋을새김 정도로 표현되는데, 상원사 동종은 돌기
가 확실하게 튀어나오게 표현된 것이 특징이다. 종유는 젖꼭지, 즉 유두를 닮았다
고 해서 붙여진 이름이다.

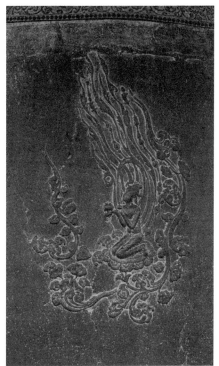

✿ 성덕대왕 신종 | 통일 신라

성덕대왕 신종은 우리나라에 남아 있는 범종 중에서 가장 큰 종으로 높이 3.75m, 무게는 18.9톤이다. 또 웅장하면서도 맑고 고운 울림이 긴 여운을 남기는 아름다운 소리를 내는 우리나라를 대표하는 범종이다. 천상의 세계를 나타내는 비천상은 정교하면서도 세련미가 느껴지는 것이 특징적이며, 또한 생동감이 느껴지는 걸작품이다. 성덕왕의 공덕을 기리기 위해 만든 종이며, 아기를 시주하여 넣었다는 전설 때문에 '에밀레종'이라고도 한다.

🏵 동궁과 월지 ㅣ 통일 신라

동궁은 신라의 왕세자가 거처하는 별궁으로 나라에 경사가 있을 때 연회를 베풀던 장소이며, 여기에 붙어 있는 인공 연못이 월지이다. 귀족들은 연회 때 월지에 띄운 나무배를 타고 풍류를 즐기면서, 주사위에 새겨져 있는 벌칙을 이행하는 주사위 놀이를 하기도 했다. 월지에서 발견된 14면체 주사위의 진품은 보존 처리 과정에서 불타 버렸다. 일반 백성들과는 대조적으로 귀족들은 호화 사치 생활을 누렸음을 보여 주는 증거물이기도 하다.

✿ 포석정 | 통일 신라

포석정도 신라 왕실의 별궁으로 귀족들이 연회를 베풀던 장소이다. 전복 모양으로 만든 석조물에 물이 흐르도록 하고 중간중간에 소용돌이가 쳐 술잔이 머물도록 만들었다. 흐르는 물에 술잔을 띄워 술잔이 자기 앞에 머물게 되면 술을 마시고 시를 읊기도 했다. 이 역시 월지와 더불어 신라 귀족들의 호화로운 사치 생활을 보여 주는 장소이다. 또 이곳은 경애왕이 후백제 견훤 군대의 습격을 받아 최후를 마친 곳이기도 하다.

🏵 문무대왕릉(대왕암) | 통일 신라

문무왕은 나·당연합군으로 660년에 백제를, 668년에 고구려를 멸망시켰다. 하지만 당나라는 대동강 이남의 땅을 신라에게 준다는 약속을 어기고 한반도 전체를 지배하려는 야욕을 가지고 군대를 주둔시켰다. 그러한 가운데 매소성과 기벌포에서 당나라 군대를 격파시켜 676년 삼국 통일을 완수하였다. 죽은 뒤에는 큰 용이 되어 불법을 숭상하고 나라를 지키겠다는 유언에 따라 화장한 뒤 경주 앞바다 대왕암에 안장하였다. 유일한 수중왕릉이다.

❀ 무열왕릉비의 이수와 귀부 ㅣ 통일 신라

머릿돌인 이수에는 6마리의 용이 3마리씩 뒤엉켜 여의주를 받들고 있으며, 받침돌
인 귀부는 거북이가 머리를 치켜들고 힘차게 전진하고 있는 듯한 모습으로 사실적
으로 조각되어 있어 살아 움직이는 듯한 생동감을 준다. 하지만 무열왕의 업적을
기록해 놓은 비신은 현재 사라지고 없는 상태이며, 비문은 무열왕의 차남 김인문
이 썼다. 무열왕릉비의 이수와 귀부는 당의 영향을 받은 최초의 예술품이며, 뛰어
난 걸작으로 평가되고 있다.

✿ 신문왕릉 | 통일 신라

삼국이 통일된 후 681년 문무왕이 죽고, 그의 아들 신문왕이 즉위했다. 통일이 된 직후라 혼란스러운 틈을 이용해 왕의 장인인 김흠돌이 역모 사건을 일으켰다. 이 사건을 계기로 신문왕은 귀족 세력을 대대적으로 숙청하고 왕권을 전제화시켜 나 갔다. 따라서 왕권 강화를 위해 집사부 기능을 강화시키고, 지방 조직을 9주 5소 경으로, 군사 조직은 9서당 10정으로 편성하고, 토지 제도로 녹읍을 폐지하고 관 료전을 지급하면서 귀족들의 세력을 약화시켜 나갔다.

❀ 감은사지 3층 석탑 | 통일 신라

문무왕은 부처의 힘을 빌려 왜구의 침입을 막고자 하는 염원에서 큰 절을 짓기 시작했으나 끝내 완성하지 못하고 죽었다. 신문왕은 682년에 호국 사찰로 완성하고, 부왕의 은혜에 감사한다는 뜻에서 절 이름을 '감은사'라 지었다. 감은사지 3층 석탑은 우리나라 3층 석탑 중에서 가장 큰 규모로 총 높이가 13.4m이다. 이 석탑은 통일기가 시작하는 시점에서 만들어졌기 때문에 세련되지는 않지만 웅장하고 당당한 기품이 느껴져 우리나라를 대표하는 석탑이다.

❀ 안동 신세동 7층 전탑 | 통일 신라

신세동 7층 전탑은 높이가 16.8m로 우리나라에서 가장 높고 오래된 전탑이다. 기단부에는 팔부중상과 사천왕상이 돋을새김으로 조각되어 있다. 전탑은 흙을 구워서 만든 벽돌로 쌓은 탑이다. 각층 지붕 윗면에는 기와를 이었던 흔적이 남아 있어 목탑의 양식을 받아들였음을 알 수 있다. 따라서 목탑이 전탑보다 앞선 시기에 만들어졌다는 것을 알 수 있다. 일제 시대 때 의도적으로 탑 옆으로 철길이 지나도록 해 현재 균열이 심하다.

✿ 안동 조탑동 5층 전탑 | 통일 신라

탑이 만들어진 이유는 부처님 진신사리를 보관하기 위해서이다. 그런데 탑이 계속
만들어 지자, 부처님 사리가 부족해졌다. 이에 따라 의미가 다소 변형되면서 이제
부처님 진신사리에 버금가는 물품을 보관하고 탑을 세우기도 한다. 탑은 처음에
목탑으로 만들어졌지만, 목탑은 화재 등으로 인한 소실의 위험이 많아 이를 보완
하기 위해 전탑 및 석탑 등이 만들어졌다. 전탑은 경북 안동 지역을 중심으로 분포
되어 있는 것이 특징적이다.

❀ 김유신묘 | 통일 신라

김유신은 금관가야의 마지막 왕인 구형왕의 증손으로 신라로 와서 화랑이 되었으며, 그 후 김춘추를 도와 신라가 삼국을 통일하는 데 가장 큰 공을 세운 인물이다. 그래서 김유신 묘에는 왕릉이 아니지만 예외적으로 둘레돌에 시간과 방위의 개념을 가지고 있는 12지 신상이 조각되어 있다. 첫 번째 동물인 쥐는 북쪽에 위치하고, 토끼는 동쪽, 말은 남쪽, 닭은 서쪽에 배치된다. 따라서 둘레돌에 새겨진 동물의 위치를 보고도 방위를 알 수 있다.

:: 김유신묘 둘레돌의 12지 신상 ::

❀ 원성왕릉(괘릉) | 통일 신라

혜공왕 이후 시작된 혼란으로 김주원과의 왕위 쟁탈전에서 김경신이 이겨 원성왕
이 된다. 관을 걸어 두었다고 해서 '괘릉'이라 불리는 원성왕릉은 통일 신라의 왕릉
가운데 가장 발달된 능묘이다. 무덤 앞에 서 있는 무인석은 서역인의 모습을 하고
있어 서역과도 활발한 문물 교류가 있었음을 보여 준다. 또 네 마리의 사자가 무덤
앞쪽에 배치된 것이 특징적이다. 원성왕은 유교 경전을 시험하여 관리를 선발하는
독서삼품과로 인재를 등용시켰다.

❀ 성덕왕릉 | 통일 신라

성덕왕은 36년간 통치하면서 안으로는 정치적 안정, 밖으로는 당과 활발한 교류를 통하여 찬란한 문화를 꽃피웠다. 통일 신라로 오면서 무덤의 봉토 주위를 둘레돌로 두르고, 그 둘레돌에 12지 신상을 조각하는 새로운 양식이 나타났다. 12지 신상이 조각된 무덤은 우리만의 독특한 양식으로 김유신묘, 괘릉, 성덕왕릉 등이 있다. 대부분은 12지 신상이 평면 판석에 조각되어 있지만, 성덕왕릉만은 입체적으로 조각되어 있는 것이 특징이다.

❁ 통도사 | 통일 신라

자장율사는 신라 선덕여왕 때 당에서 유학하고 돌아오면서 석가모니 진신사리를 가져와 통도사를 세우고 금강계단을 만들어 봉안했다. 그래서 대웅전에는 불상이 없으며 바로 뒤편에 금강계단이 보이도록 되어 있다. 양산 통도사는 석가모니 진신사리가 있어 불보사찰, 해인사는 팔만대장경이 있어 법보사찰, 송광사는 16국사가 배출되어 승보사찰로 불리며, 이들 불·법·승을 합쳐 '3보 사찰'이라 한다. 통도사는 세계문화유산에 등재되었다.

❀ 부석사 | 통일 신라

의상은 당에서 화엄종 교리를 유학하고 귀국한 뒤 676년 문무왕의 명으로 소백산 기슭에 부석사를 창건하고, 신라 화엄종을 전파하였다. 의상의 화엄사상은 하나 속에 우주의 만물을 아우르려는 것이기 때문에, 전제정치를 뒷받침하는 사상으로 이해된다. 의상이 절을 지으려 할 때 이교도들이 방해하자 의상을 사모하던 선묘 가 큰 바위로 변해 공중에 떠다니며 도망가게 하고 절을 짓게 했는데, 돌이 떠다녔 다는 뜻에서 '부석사'라 부른다.

⌘ 쌍봉사 철감선사 부도탑 | 통일 신라

스님의 사리를 봉안하는 승탑, 즉 부도는 선종의 유행과 더불어 장엄하고 수려한 것들이 많이 만들어졌다. 선종에서는 승려의 수행정도를 평가하는 기준이 스승의 인가이므로, 스승과 제자로 이어지는 계보를 중시하게 되었으며, 스승이 입적한 후 제자들은 화려한 부도와 탑비를 세우게 되었다. 따라서 선종이 유행하기 시작한 신라 하대부터는 솜씨가 뛰어난 부도가 많이 만들어졌으며, 그중 대표적인 것이 쌍봉사 철감선사 승탑이다.

✿ 태안사 적인선사 부도 | 통일 신라

선종은 경전의 이해를 통해 깨달음을 얻는 교종과는 달리 스스로 사색하여 진리를 깨닫는 참선을 중시하는 종파이다. 신라 하대 사회에 선종은 독자적인 세력을 구축하고자 하는 지방 호족과 결합하여 각 지방에 근거지를 마련하였다. 그중에서 선종을 대표하는 9개 사원을 '9산선문'이라 한다. 전남 곡성 태안사는 선종 9산선문 가운데 하나인 동리산파의 중심 사찰이며, 적인선사 혜철은 태안사가 속한 동리산파를 개창한 스님이다.

✿ 연곡사 동부도 | 통일 신라

연곡사 동부도는 통일 신라의 부도 중에서 가장 아름답고 장식과 조각이 정교한
작품으로, 도선국사의 부도라고 전해지는 것이다. 도선은 중국에서 유행한 풍수
지리설을 받아들여 전래시킨 사람이다. 풍수지리설은 산세와 지형이 인간의 길흉
화복에 영향을 끼친다는 사상으로, 도읍지 등과 같은 중요한 터를 정하는 데 큰 영
향을 주었다. 따라서 국토를 지방 중심으로 재편성할 것을 주장하여 신라 정부의
권위를 약화시키는 구실을 하였다.

⁂ 봉림사 진경대사 보월능공탑 | 통일 신라

선종의 유행과 함께 발달한 팔각원당형을 기본으로 삼고 있는 승탑과 승려의 일대기를 새긴 탑비는 세련되고 균형감이 뛰어나 이 시대의 조형 미술을 대표한다. 이 승탑은 통일 신라 말기의 고승으로 선종 9산문 중의 하나인 봉림산문을 개창한 진경대사의 부도탑이다. 팔각원당형을 충실히 따르지만, 전체적으로 날렵한 몸체에 장식이 절제되면서도 세련미가 있고 균형이 잘 잡혀 있기 때문에 다른 부도와는 차별화되는 특징이 있다.

❀ 청해진 | 통일 신라

장보고는 흥덕왕 때인 828년, 완도에 군사 1만 명을 데리고 와 청해진을 설치하고 청해진 대사가 되었다. 장보고는 당과 신라, 일본을 연결하는 해상 항로를 개척하였으며, 청해진을 본거지로 당과 일본을 잇는 중계 무역을 실시하고 국제 무역을 주도하였다. 또 청해진을 기지로 하여 해적을 소탕하고 황해의 무역로를 보호하면서 황해 일대의 해상 무역권을 장악하였다. 당의 산둥반도에 법화원이라는 절을 짓고 무역의 거점으로 삼았다.

✿ 이불병좌상 | 발해

이불병좌상은 하나의 대좌 위에 석가여래와 다보여래가 나란히 앉은 모습을 표현한 불상이다. 광배에는 연꽃 위에 5구의 동자상을 돋을새김 하였으며, 이 연화화생상에는 좋은 일을 많이 하면 죽어서 극락으로 간다는 아미타신앙이 반영되어 있다. 왼쪽 불상은 오른손을, 오른쪽 불상은 왼손을 무릎 위에 겹쳐 놓았는데, 다른 나라에서는 볼 수 없는 독특한 양식이다. 이 불상을 통해 발해의 불교 양식이 고구려의 영향을 받았음을 알 수 있다.

❀ 연꽃무늬 벽돌 | 발해

발해는 고구려 계승 의식이 강한 나라이므로 지배층은 주로 고구려인이며, 피지배층은 말갈인이었다. 일본에 보낸 외교 문서에도 발해를 '고구려'로, 발해왕을 '고구려왕'으로 표시하기도 했다. 발해의 문화는 고구려 문화를 중심으로 당의 문화를 수용하면서 발전하게 되었다. 궁궐터나 절터에서 발견된 기와와 벽돌 등의 무늬는 고구려의 영향을 받았으나, 어느 정도 부드러워져 소박하면서도 직선적이고 힘찬 모습을 띠는 것이 특징이다.

❀ 견훤왕릉 ｜ 후백제

신라 하대 사회는 왕위 쟁탈전이 벌어져 왕권이 실추되고 지방에 대한 통제력이 약화되었다. 이에 따라 지방에서는 호족과 6두품 세력이 성장하여 중앙 정부의 통제를 벗어난 반독립적 세력을 형성하였다. 또 지배층의 부정부패로 농민들에 대한 수탈이 가혹해지자, 전국 각지에서 농민 봉기가 일어났다. 이를 주도했던 대표적인 호족이 견훤과 궁예이다. 이러한 혼란을 이용하여 견훤은 후백제(900), 궁예는 후고구려(901)를 세웠다.

제4부

고
려
시
대

✽ 월정사 8각 9층 석탑 | 고려

고려 시대의 석탑은 신라 양식을 일부 계승하면서도 독자적인 형식이 갖추어져 다
각형의 다층 석탑이 만들어졌다. 특히 월정사 8각 9층 석탑은 고려 시대의 다각 다
층 석탑을 대표하는 것이다. 이 탑은 고려 시대 귀족 문화의 영향을 받아 화려하면
서도 전체적인 비례가 안정적이다. 또 높이가 15.2m로 높은 탑에 속하지만 날씬
한 편이어서 날렵하고 단아한 멋을 지닌다. 지붕돌 여덟 귀퉁이에는 청동으로 만
든 풍경을 달아 놓았다.

✳ 경천사 10층 석탑 | 고려

개성에 있던 이 탑은 원나라 라마교의 영향을 받아 고려 말에 만들어졌으며, 우리 나라에 존재하는 석탑 중에서는 가장 화려한 석탑이다. 그리고 이 탑의 영향을 받아 조선 초기에 원각사지 10층 석탑이 만들어졌다. 이 탑의 높이는 13.5m이며, 우리나라에서 일반적으로 사용하는 석탑의 재료인 화강암이 아니라 대리석으로 만들어진 것이 특징이다. 일본인 다나카 미쓰야키가 일본으로 밀반출했다가 비난 여론에 못 이겨 다시 반환했다.

❀ 남계원 7층 석탑 | 고려

탑신이 7층이고 지붕이 얇고 넓으며 위로 올라갈수록 탑신의 두께가 둔중한 느낌을 주는 고려 탑 특유의 특징을 보인다. 일제가 조선의 식민통치 5주년을 기념하기 위해 1915년에 경복궁에서 '시정오년기념 조선물산공진회'라는 산업 박람회를 열었다. 발전된 각종 문물과 우리 문화재들을 전시함으로써 조선이 일본 덕분에 발전했다는 것을 선전하고 식민통치의 정당성을 알리기 위해서이다. 이 탑도 이때 개성의 남계원에서 옮겨 온 것이다.

❁ 부여 무량사 5층 석탑 ┃ 고려

부여는 지리적 영향 때문에 고려 시대에도 백제의 석탑 기법이 이어져 온 지역이
다. 백제계 석탑은 투박한 듯하면서도 단아한 세련미가 넘치는 것이 특징이다. 이
때문에 무량사 5층 석탑도 고려 전기에 만들어진 석탑이지만, 백제의 석탑 양식을
보는 듯한 느낌을 주고 있다. 하지만 통일 신라의 양식에도 영향을 받아 이를 조화
시켜, 안정감이 있으면서도 장중한 느낌을 준다. 많은 양식에 영향을 받았으나 조
화를 잘 이룬 대표적인 탑이다.

❀ 안동 이천동 석불 | 고려

안동 이천동 석불은 향토적 특색이 드러나는 거대한 불상으로, 사람들이 많이 지나다니는 큰길가의 언덕에 위치해 있다. 몸통은 자연바위를 그대로 이용하였으며, 그 위에 얼굴을 따로 만들어 올린 불상이다. 또 가슴 부분에는 옷 주름과 손이 새겨져 있다. 이러한 형식의 거대한 마애불상은 고려 전기에 유행했던 양식이다. 따라서 이 불상은 자연과의 조화를 통한 불교적 세계관을 잘 보여 주고 있다고 할 수 있다. 일명 '제비원 석불'이라고도 한다.

✾ 관촉사 석조 미륵보살 입상 | 고려

우리나라에서 규모가 가장 큰 석불 입상으로, 높이가 18m이다. 고려 시대에는 다른 시대에 비해 규모가 큰 석불들이 많이 만들어졌다. 이 불상은 간소하지만 누추하지 않은 아름다움을 지니고 있으며, 간결하게 표현된 얼굴은 미소를 머금은 듯한 온화한 표정을 짓고 있는 것이 매력적이다. 형식에 구애받지 않는 자유로움과 지역적 특색이 잘 드러나 있다. 왕실의 지원을 받아 지방 세력을 억제하기 위해 왕권을 과시하는 목적으로 만들어졌다.

✽ 연곡사 북부도 ǀ 고려

신라 하대에 선종의 전파로 유행한 승려들의 승탑은, 고려 시대에 와서도 조형 예
술의 중요한 부분을 차지하게 되었다. 특히 구례 연곡사 북부도와 공주 갑사의 부
도는 팔각원당형의 기본 양식을 따르면서도, 장엄하고 세련되며 균형감이 뛰어난
훌륭한 작품이다. 북부도의 팔각 면에는 불교의 낙원에 산다는 천상의 새인 가릉
빈가를 새겨 놓았다. 신라 하대에 만들어진 동부도와 닮은 듯하지만 하대석의 조
각에서 뚜렷한 차이를 보인다.

✿ 고달사지 쌍사자 석등 | 고려

쌍사자 석등은 두 마리의 사자가 불발기집을 받치고 있는 특이한 형태의 석등을 말한다. 통일 신라 시대부터 나타난 쌍사자 석등은 두 마리의 사자가 서로 마주 보고 서서 화사석을 받치고 있는 형태다. 그런데 고달사지 쌍사자 석등은 다른 쌍사자 석등과는 달리 웅크린 사자가 불발기집을 받치고 있는 것이 매우 특이하다. 이처럼 웅크린 사자가 불발기집을 받치고 있는 석등은 고달사지 쌍사자 석등이 유일하다. 화려하면서도 조형미가 뛰어나다.

✿ 정토사 홍법국사 실상탑 | 고려

통일 신라 말에서 고려 초에 활약한 홍법국사는 당나라에서 수행하였고, 고려 성종 때 대선사를 거쳐 목종 때 국사의 칭호를 받았다. 신라 승탑의 양식을 이어 팔각형을 기본으로 하면서도, 공을 십자로 묶은 듯한 몸돌을 둔 것은 다른 승탑에서는 볼 수 없는 특이한 형태이다. 또 지붕돌의 형태도 기와지붕 모양이 일반적이지만, 이 승탑은 벙거지 모자를 쓴 듯한 지붕돌의 모양이 이색적이다. 특이한 형태에 조형미가 뛰어난 걸작이다.

❀ 법천사 지광국사 현묘탑 | 고려

이 승탑은 지광국사의 장례 때 사리를 운반하던 화려한 외국풍의 가마를 본떠 만든 것이다. 과거의 전통에서 벗어나 새롭게 고안된 특이한 형태를 띠면서 걸작으로 평가받고 있다. 지광국사는 고려 전기의 이름난 고승으로 문종 때 왕사와 국사로 임명되었다. 고려는 불교가 중시되던 시기로 고승들 중에서 왕의 스승으로 모시는 왕사 제도를 두었으며, 국사 제도는 나라가 인정하는 최고의 승직으로 시대를 대표하는 승려를 일컫는다.

✺ 청도 운문사(김사미의 난) ｜ 고려

고려 무신 정권기에는 권력 쟁탈전이 벌어져 중앙 정부의 지방 통제력이 약화되었다. 이에 농민들은 지배층의 지나친 수탈로 인해 생활이 더욱 궁핍해지자 저항 운동을 일으켰다. 대표적인 농민 봉기는 청도(운문) 운문사를 거점으로 일어난 김사미의 난과 초전에서 일어난 효심의 난이다. 이들이 서로 연합 세력을 형성하면서 농민 봉기는 경상도 전역으로 확대되기도 했다. 또 천민들은 신분 상승에 대한 기대감으로 신분 해방 운동을 일으켰다.

✿ 봉정사 극락전 | 고려

현존하는 가장 오래된 목조 건물로는 고려 후기 때 만들어진 봉정사 극락전, 부석사 무량수전, 수덕사 대웅전, 부석사 조사당, 안변 석왕사 응진전 등 다섯 채가 있다. 봉정사 극락전이 시대적으로 앞선다는 것은 건축 양식상 부석사 무량수전보다 고식으로 판단되기 때문이다. 따라서 봉정사 극락전은 현존하는 가장 오래된 목조 건물이다. 또 봉정사 극락전은 맞배지붕으로 되어 있으며, 기둥마다 공포가 있는 주심포 양식을 띠고 있다. 공포는 지붕 처마를 받치고 있는 구조물이다.

:: 봉정사 극락전 정면 모습. 현존하는 가장 오래된 목조 건물 ::

❀ 부석사 무량수전 | 고려

목조 건축물들은 만든 후 100년 정도가 지나면 낡아서 다시 보수 공사를 해야 한다. 따라서 부석사 무량수전은 1376년에 중건했다는 기록이 발견되었다. 장중한 외관과 조화미 때문에, 현존하는 최고 수준의 목조 건축물이다. 지붕은 화려한 팔작지붕이며, 공포는 주심포 양식으로 아주 간결하다. 또 배흘림기둥은 기둥의 아래와 위쪽보다 중간 부분을 더 두껍게 만든 기둥 양식으로, 이는 시각적으로 건축물에 안정감을 주는 역할을 한다.

❈ 수덕사 대웅전 | 고려

예산의 수덕사 대웅전은 고려 시대 건축물 중에서 현재 창건 연대를 확실히 알고 있는 유일한 집이다. 1934년 해체공사 때 1308년에 창건되었다는 기록이 발견되었기 때문이다. 하지만 이 집이 가장 오래된 목조 건물이라고는 말할 수 없다. 왜 냐하면 부석사 무량수전이 1376년에 중건되었기 때문에 실제 창건 연도를 이보다 100년 이상 앞선 것으로 보는 견해가 일반적이기 때문이다. 주심포 맞배지붕으로 단정하면서도 아름다운 절집이다.

✿ 강진 백련사(만덕사) | 고려

송광사 수선 결사와 비슷한 시기에 강진 만덕사에서는 요세스님이 백성들의 신앙
적 욕구를 고려하여 백련 결사를 제창하였다. 백련 결사는 자신의 행동을 진정으
로 참회하는 법화 신앙에 중점을 두고 있으며, 더불어 정토 신앙을 강조하여 지방
민의 적극적인 호응을 얻었다. 따라서 고려 후기 불교계를 이끈 신앙 결사 운동은
조계종의 수선 결사와 천태종의 백련 결사로 양립된다. 또 만덕사는 백련 결사의
중심지였기 때문에 '백련사'라 불린다.

⁕ 순천 송광사 | 고려

무신집권 이후 불교계의 타락상을 비판하면서 불교 본연의 자세로 돌아가자는 불교 정화 운동인 신앙 결사 운동이 일어났다. 지눌스님은 승려 본연의 자세로 돌아가 독경과 노동에 고루 힘쓰자는 개혁 운동인 수선사 결사를 제창하였다. 송광사에 중심을 둔 수선 결사 운동은 개혁적인 승려들과 지방민의 적극적인 호응을 얻었다. 지눌 이후 혜심은 유불일치설을 주장하며 성리학을 수용하는 사상적 토대를 마련하였다. 16국사가 배출된 절이다.

❀ 청주 흥덕사지(직지심경) | 고려

고려 시대 기술학에서 가장 괄목할 만한 것은 인쇄술이다. 여러 가지 책을 소량으로 인쇄할 경우 목판보다는 활판인쇄가 더 효과적이다. 세계 최초의 금속 활자본인 상정고금예문이 1234년에 인쇄되었지만, 오늘날 전해지지는 않는다. 그 대신 1377년에 간행된 직지심체요절이 현존하는 세계 최고의 금속 활자본으로 프랑스에 보관되어 있다. 이 직지심체요절은 흥덕사라는 절에서 간행한 불경이다. 이곳에는 현재 고인쇄 박물관이 들어서 있다.

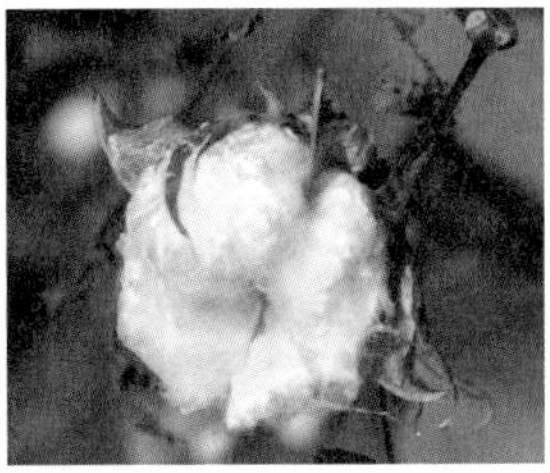

⁂ 문익점 목화시배지 | 고려

문익점이 원나라에서 귀국할 때 목화씨를 붓대 속에 넣어 가져와 장인 정천익을 시켜 처음으로 시험 재배를 했던 곳이다. 처음에는 재배 기술을 몰라 겨우 한 그루만 살릴 수 있었지만, 이 한 톨이 전국에 목화씨를 퍼지게 하여 누구나 무명옷을 입을 수 있게 된 것이다. 백성들이 주로 입었던 삼베는 겨울에 몹시 추웠기 때문에, 질기고 보온이 잘되는 무명의 등장은 가히 의복 혁명과도 같은 것이었다. 목화시배지는 경남 산청에 있다.

❀ 고려대장경판(팔만대장경) | 고려

1232년 몽고의 침입으로 대구 부인사에 보관되어 있던 초조대장경이 소실되었다. 이를 대신하여 강화도에서 부처님의 힘을 빌려 몽고의 침입을 막고자 하는 염원으로 1236년에 팔만대장경을 조판하기 시작했다. 그 후 16년 만에 81,258장의 목판을 완성하였다. 8만 장이 넘어 '팔만대장경'이라 부르는 고려대장경은 불교 경전을 집대성한 것으로, 내용이 방대하지만 잘못된 글자가 거의 없을 정도로 정밀하면서도 글씨체가 아름답고 우수하다.

제5부

조선 시대

ꕥ 합천 해인사 장경판전 | 조선

15세기 해인사에 장경판전을 지어 팔만대장경을 옮겨 온 후, 600여 년 동안 썩지 않고 잘 보존할 수 있었던 비밀은 통풍에 있다. 장경판전의 벽면에 있는 창문의 크기는 위 · 아래가 다르며, 건물 앞면과 뒷면은 서로 반대로 되어 있다. 이는 내부로 들어온 공기가 반대편으로 바로 빠져나가는 것을 막아 아래 · 위로 골고루 돌면서 적절한 습도를 유지하도록 한 것이다. 또 바닥에는 숯 · 소금 · 찰흙 등을 다져 넣어 습도를 자동으로 조절하게 했다.

:: 수다라장(앞면) ::

:: 법보전(앞면) ::

:: 수다라장(뒷면) ::

:: 법보전(뒷면) ::

장경판전은 앞쪽 건물을 '수다라장', 뒤쪽을 '법보전'이라 한다. 수다라장과 법보전의 창문 모양은 비슷한 듯하지만 크기가 다르다. 그 이유는 법보전은 뒤쪽은 산으로 앞쪽은 수다라장으로 앞뒤가 막혀 있어 원활한 통풍을 위하여 수다라장에 비해 창문을 크게 만든 것이다. 또 바람은 주로 남쪽에서 불어오므로 건물 뒷면의 창문을 앞면에 비해 크게 만들어 바람이 잘 통하도록 하였다. 더불어 건물의 앞면은 아래쪽이 크며, 뒷면은 위쪽이 크다. 이처럼 창문 크기의 적절한 배치에는 원활한 통풍을 위한 과학적 원리가 숨어 있다.

❀ 무위사 극락전 | 조선

조선 초기에는 사원 건축이 중심을 이루던 고려 건축과는 달리, 서원·궁궐·관
아·성문 등이 건축의 중심을 이루게 되었다. 이러한 건물은 건물 주인의 신분에
따라 크기와 장식에 일정한 제한을 받았는데, 이는 신분 질서를 유지하고 불필요
한 사치를 막기 위한 목적에서였다. 하지만 조선 초기에 무위사 극락전과 같이 검
박하면서 단정한 특징을 지닌 불교 건축물도 왕실의 비호를 받으며 만들어지기도
했다. 세종 때인 1430년에 건립되었다.

❀ 창덕궁 돈화문 | 조선

조선 전기의 건축물들은 대체로 규모가 작고 검소하면서도 위엄을 갖추고 있으며, 주위의 환경과 조화를 이루는 자연 친화적 아름다움을 가지고 있다. 돈화문은 현존하는 궁궐 정문으로는 가장 오래된 것으로 규모도 가장 크다. 돈화문 앞에는 넓은 월대를 두어 정문의 권위를 높였다. 창덕궁의 정문인 돈화문은 일반 출입문이 아니라 왕의 행차와 같은 의례가 있을 때 사용했던 문이다. 따라서 신하들은 서쪽에 있는 쪽문으로 드나들었다.

✳ 경복궁 수정전(집현전) | 조선

수정전은 훈민정음을 창제했던 집현전으로 쓰였던 건물이다. 훈민정음이 1443년
에 창제되고 1446년에 반포되면서 조선 사회에서는 많은 변화가 일어났다. 문화
국민으로서 고유한 문자를 가지게 되었고, 이를 토대로 민족 문화를 꽃피울 수 있
게 된 것이다. 또 훈민정음은 매우 독창적이고 과학적이며, 누구나 쉽게 배우고
익힐 수 있는 우수한 글자로 평가되어 유네스코 세계기록유산에 등재되었다. 학자
들이 머무는 수정전에는 왕의 권위를 상징하는 월대가 있는 것이 특이하다.

❀ 삼봉집(정도전) | 조선

삼봉집은 정도전이 남긴 조선경국전, 불씨잡변 등 여러 글들을 모은 문집이다. 조선경국전은 조선 건국 초에 6전에 따라 국가 경영의 기준을 정하고 기본 정책을 규정한 법전으로, 이후 편찬된 법전들의 모태가 되었다. 정도전은 이성계를 도와 조선을 건국한 일등 개국 공신으로 새 왕조의 기틀을 마련하였다. 위화도 회군으로 정치적 실권을 장악한 이성계 세력은 정도전의 주도로 시행된 과전법을 통해 경제적 기반을 다졌다.

✿ 국조보감 | 조선

조선 초기에는 학문이 발달하면서 여러 분야의 책이 발간되었다. 그중에서 가장 관심이 높았던 분야가 역사서였으며, 이에 따라 조선왕조실록과 국조보감 등이 편찬되었다. 국조보감은 역대 왕들의 업적 중에서 정치에 모범이 될 만한 일들만 모아 간행한 편년체 역사서이며, 후대 왕들의 정치적 교훈서로 이용되었다. 실록은 함부로 볼 수가 없었기 때문에, 국조보감을 통해서 왕들의 업적에서 교훈을 얻고 실제 정치에 참고할 수 있도록 했다.

✵ 삼강행실도 ㅣ 조선

조선은 성리학이 중심이 되는 사회이다. 따라서 유교적 질서를 확립하기 위해 국조오례의와 삼강행실도 등의 예절과 풍속에 관한 책들을 편찬하였다. 삼강행실도는 세종 때 모범이 되는 충신, 효자, 열녀를 각각 110명씩 뽑아서 전면에는 행적을 그림으로 그리고 후면에는 사실을 기록해 놓은 윤리책이다. 세종 때 진주에서 아들이 아버지를 살해하는 사건이 일어나자, 효행을 장려하는 책을 간행하여 백성들에게 널리 읽히기 위해서 편찬되었다.

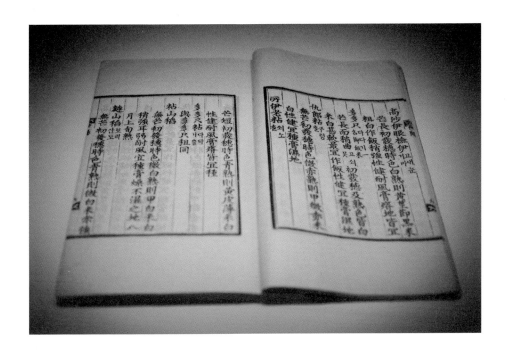

❀ 농사직설 | 조선

조선은 농본 정책을 내세웠기 때문에 농업 기술의 발전에도 힘을 썼다. 따라서 우리나라의 풍토와 실정에 알맞은 농사 기술의 개발과 보급을 위하여 세종 때 농사직설이라는 농업서를 편찬하였다. 이는 우리나라에서 편찬된 최초의 농업서로서 중국의 농업 기술을 수용하면서도, 우리의 실정에 맞는 독자적인 농법을 정리한 것이다. 또 농사직설은 씨앗 저장법, 토질 개량법, 모내기법 등 농부들이 직접 경험한 것을 토대로 편찬되었다.

✿ 청령포 | 조선

영월 청령포는 단종이 세조에게 왕위를 찬탈당하고 노산군으로 강등되어 유배를
간 곳이다. 서강이 휘돌아 흘러 삼면이 깊은 강으로 둘러싸여 있고, 한쪽은 육육
봉이라는 험준한 암벽이 솟아 있어 나룻배를 이용하지 않고서는 밖으로 나올 수
없는 마치 섬과도 같은 곳이다. 단종은 이 적막한 곳에서 외부와 단절된 채 유배
생활을 하다가 영월 관풍헌에서 사약을 받았다. 이후 단종의 시신은 엄흥도가 현
재의 장릉에 몰래 묻었다.

✿ 송강정(송강 정철) | 조선

송강정은 정철이 당파 싸움으로 벼슬에서 물러난 후 세운 정자다. 서인 정철은 선
조가 총애하던 인빈김씨가 신성군을 낳자 광해군을 서둘러 세자로 책봉할 것을 건
의한다. 이때 동인 이산해는 정철이 인빈김씨와 신성군을 죽이려 한다고 음모를
꾸며 선조를 자극받게 한다. 또 선조는 나이가 마흔도 되지 않았는데 후계자를 거
론하는 것에 노발하여 정철과 서인 세력을 제거한다. 동인은 정철의 처벌 문제를
두고 북인과 남인으로 붕당이 나뉜다.

❋ 함양 학사루(무오사화) ㅣ 조선

김종직이 함양군수로 부임하여 학사루에 올랐을 때, 유자광이 써서 걸어 놓은 현판을 보고는 "어찌 간신배 따위가 여기에 시를 걸 수 있는가?" 하며 불태워 버렸다. 보복의 날을 기다리던 유자광은 김일손이 스승인 김종직의 조의제문을 성종실록의 사초에 실은 것을 문제 삼아, 세조를 비방하는 것은 대역죄인이라 주장했다. 이에 사림의 간언에 증오를 느끼던 연산군은 김일손을 비롯한 사림 세력을 처벌하게 된다. 이것이 무오사화다(1498).

❀ 담양 소쇄원 | 조선

양산보가 자신의 스승인 조광조가 기묘사화로 유배되어 세상을 떠나자, 출세의 뜻을 버리고 자연 속에서 숨어 살기 위해 만든 정원이다. 중종 때 훈구파를 견제하기 위해 신진사림인 조광조가 중용되면서 현량과를 통해 사림이 대거 등용되었다. 그리고 위훈 삭제 등의 급진적 개혁 정치로 인해 훈구세력은 주초위왕 사건을 꾸며 조광조를 비롯한 사림 세력을 제거하는 기묘사화를 일으킨다. 사림이 화를 당한 사화에는 무오·갑자·기묘·을사사화가 있다.

❀ 면앙정 / 식영정(가사문학) | 조선

담양의 여러 정자들은 가사문학의 산실이다. 조선의 시가 형식을 대표하는 가사문학은 고려 말에서 조선 초에 발생하였다. 형식은 4음보 연속체로 된 운문으로, 한음보를 이루는 음절의 수는 3·4음절이 많고, 행수에는 제한이 없다. 면앙정은 송순이 지은 면앙정가의 사계절 배경이 된 곳이며, 식영정은 정철이 성산별곡을 창작한 곳이다. 정철의 사미인곡과 속미인곡은 왕에 대한 충성심을, 관동별곡은 관동 지방의 아름다운 경치를 읊은 것이다.

❀ 소수서원 | 조선

서원은 성리학을 중심으로 학문 연구를 통해 후진을 양성하는 교육 기능과, 자신들이 섬기는 선현에 대해 제사를 지내는 기능, 그리고 지방 사족들의 지위를 강화시켜 주는 기능이 있다. 우리나라 최초의 서원은 1543년 중종 때 주세붕이 세운 백운동서원이다. 이황이 풍기군수로 오면서 나라에 재정적 지원과 함께 명종 친필의 '소수서원'이란 현판을 하사받으면서 1550년에 최초의 사액서원이 된다. 백운동서원이 소수서원으로 사액을 받았다.

✿ 옥산서원 | 조선

성리학은 우주만물의 근본 원리와 인간의 심성을 연구하는 학문이다. 성리학의 이 기론에서 선구적 역할을 했던 사람은 서경덕과 이언적이다. 서경덕은 이보다 기를 강조하면서 경험적 세계를 중시하는 주기론, 이언적은 기보다 이를 강조하면서 도덕적 원리를 중시하는 주리론을 주장했다. 주리론은 이언적에서 시작하여 이황이 집대성하고, 주기론은 서경덕에서 시작하여 이이가 발전시킨 이론이다. 옥산서원은 이언적을 제사 지내는 서원이다.

✿ 도산서원 | 조선

서원이 성리학의 전파와 지방 문화를 발달시키는 데 공헌하자, 국가에서도 관심을 가지고 서원의 이름을 지어 주고 서적·노비·토지 등을 지급하여 육성하면서 사액서원들이 많이 설립되었다. 즉, 국가의 지원을 받는 서원이 사액서원이다. 이황은 정계에서 은퇴한 후 고향으로 돌아와 도산서당을 지어 후진을 양성하는 데 몰두하였다. 이황이 죽은 후, 제자들이 서당 뒤쪽에 사당을 만들어 위패를 모시고 서원으로 발전시키면서 도산서원이 된다.

❀ 병산서원 | 조선

관학인 향교와 사학인 서원의 공통점은 교육 기능과 제사 기능을 가지고 있다는
점이다. 하지만 문묘를 두고 공자에게 제사를 지내는 향교와는 달리, 서원은 자신
들이 섬기는 각기 다른 선현을 제사 지냈으므로 서원마다 그 운영도 독자성을 가
지고 있다는 점에서 차이가 있다. 이 때문에 강당과 사당의 명칭이 서원마다 다르
다. 병산서원은 유성룡의 학문과 업적을 기리기는 곳으로, 강당인 입교당 뒤편에
그의 위패를 모신 사당인 존덕사가 있다.

⽊ 도동서원 | 조선

16세기의 건축은 사림 세력의 진출로 서원 건축이 중심이 되었다. 산과 하천을 끼고 있는 마을 부근의 한적한 곳에 서원을 지어 자연과의 조화를 이룰 수 있도록 했다. 교육 공간인 강당을 중심으로 기숙 시설인 동재와 서재를 지었으며, 뒤쪽에는 사당을 두었다. 일반적으로 동재에는 선배들이 기숙한다. 서원 건축은 사원의 가람배치에 주택 양식과 정자의 건축 양식이 결합되어 실용적이면서도 검소하게 되어 있다. 김굉필을 제사 지낸다.

⌘ 남계서원 | 조선

예로부터 낙동강을 사이에 두고 '좌안동 우함양'이라 할 정도로 안동과 함양은 유
교 문화가 꽃핀 고장으로 많은 인재를 배출하였다. 우함양의 기틀을 마련했던 사
람이 정여창이며, 이를 기리는 서원이 남계서원이다. 우리나라 최초의 서원은 백
운동서원이며, 그다음으로 세워진 서원이 함양의 남계서원이다. 교육 공간인 명
성당 뒤편 높은 곳에는 제향을 지내는 사당이 있다. 우리나라에서 처음으로 전학
후묘 배치 양식을 갖춘 서원이다.

❀ 산천재 | 조선

영남 지방을 근거지로 했던 영남학파는 조식과 이황이 대표적이고, 기호학파는 이이와 성혼의 문인들이다. 선조 때 붕당이 형성되면서 이이와 성혼학파는 서인, 서경덕·이황·조식학파는 동인을 형성하였다. 정여립 모반사건으로 조식학파는 북인으로 분화되었으며, 임진왜란 때는 많은 제자들이 의병에 직접 참여했다. 조식이 벼슬을 거부하고 처사로 지내면서, 학문과 인격을 완숙한 경지로 끌어올린 곳이 바로 산청에 있는 산천재이다.

88 덕천서원 | 조선

서원과 향약은 사림 세력을 유지하는 기반이 되었다. 향약은 전통적인 공동체 풍습에 유교 윤리를 가미하여 향촌 자치 규약으로 발전시킨 것이다. 지방의 유력한 사림이 향약의 간부가 되고, 농민들에 대한 강한 지배력을 행사할 수 있게 되어 사회적 지위도 견고하게 구축되었다. 서원은 유교를 보급하고 향촌 사림을 결집시키는 역할을 수행하면서 붕당의 근거지가 되기도 했다. 지리산 천왕봉 아래에 있는 덕천서원은 남명 조식을 제사 지내는 곳이다.

✿ 양산향교 | 조선

조선 시대에는 초등교육은 서당에서, 중등교육은 향교와 학당에서, 그리고 고등
교육은 성균관에서 실시하였다. 향교는 지방에 설립된 국립교육기관으로 양반의
자제들이 주로 교육을 받았다. 향교는 교육 기능 외에도 제사 기능을 가지고 있
어, 공자의 위패를 모시는 문묘가 반드시 있었다. 또 모든 향교는 사당을 '대성전',
강학 공간인 강당을 '명륜당'이라 부른다. 교육 내용은 과거 준비에 치중했다. 중
앙의 중등교육기관인 4부 학당에는 문묘가 없다.

✿ 정발 장군 | 조선

도요토미 히데요시는 일본 내에 잠재해 있던 불평 세력의 관심을 밖으로 돌리고 자신의 대륙 진출 야욕을 펴기 위해 조선을 침략하고자 했다. 이에 따라 도요토미 는 정명가도를 구실로 1592년 4월 13일 일본에서 가장 가까운 부산진으로 공격해 왔다. 임진왜란 당시 첫 번째로 벌어진 전투가 바로 부산진 전투이다. 부산진성을 지키던 장수 정발은 부족한 병력과 무기에도 불구하고 끝까지 싸웠으나 결국 성이 함락되고 장군도 전사하고 말았다.

⊛ 동래읍성 | 조선

조선 동래부의 행정 중심지를 둘러싸고 있으며, 산성과 평지성의 장점을 두루 갖
춘 우리나라의 대표적인 읍성이다. 동래부는 대일 외교상 중시되는 지역이기 때문
에 정3품의 부사가 재임하는 왜적 방어의 제1관문이었다. 임진왜란 때 부산진이
무너지자, 4월 14일 일본군이 동래성으로 진격하면서 이곳은 동래부사 송상현을
위시한 군·관·민이 장렬히 싸운 최대의 격전지가 되었다. 하지만 동래성이 무너
지고 왜군은 북상하게 되었다.

❀ 진주성 | 조선

충주 방어선이 무너지고 선조는 의주로 피난을 갔지만, 이순신 장군이 이끄는 수군이 해전에서 승리를 거두고, 의병의 활동이 활발히 전개될 무렵, 명나라 원군까지 도착하여 조선의 반격이 시작되었다. 이로써 김시민의 진주성 대첩 등 관군의 승리가 이어지자 왜군은 전열을 가다듬기 위해 의도적으로 휴전을 제의하였다. 진주성 촉석루 밑에는 논개의 얼이 담겨 있는 의암이 있다. 임진왜란 3대첩은 한산도 대첩, 진주성 대첩, 행주 대첩이다.

✿ 의령 정암진 | 조선

임진왜란 때 전국 각지에서 의병이 일어나 향토를 방어하고 조국을 구하였다. 의병은 농민이 중심이지만, 이를 조직하고 지도한 것은 전직 관료와 유학자 그리고 승려 등이었다. 의병이 미흡한 무기와 병력으로 적에게 큰 타격을 입힐 수 있었던 것은, 향토 지리에 익숙했으므로 그에 맞는 전략과 전술로 대처했기 때문이다. 경상도 의령은 조선에서 처음으로 곽재우가 의병을 일으킨 곳으로, 수많은 왜적을 몰살시킨 곳이 정암나루터이다.

⊗ 품계석 │ 조선

궁궐 마당인 조정 양쪽에는 12개씩의 품계석이 세워져 있는데, 정조 때 조정의 위
계질서를 바로잡기 위해 창덕궁에 처음 세웠다. 그 후 경복궁이 중건되면서 근정
전 앞에도 세워진 것이다. 관직 등급은 정품과 종품 각각 9품까지 18등급의 품계
이지만, 6품까지는 각 등급마다 다시 상계와 하계로 구분하므로 실제로는 총 30등
급이다. 그리고 정3품 상계까지는 정책을 결정하는 데 참여할 수 있는 등급으로서
'당상관'이라 부른다.

❀ 조선 궁궐 | 조선

태조 이성계는 한양으로 도읍을 정하면서, 가장 먼저 경복궁을 짓고 종묘와 사직
단을 세웠으며, 도성과 성문 등 나라를 다스리기 위한 기반 시설을 마련하였다.
궁궐은 나라 경영의 중추가 되는 소중한 장소로, 한양에는 경복궁 · 창덕궁 · 창경
궁 · 덕수궁 · 경희궁이 있다. 조선 초기에는 경복궁을 법궁, 창덕궁을 보조 궁궐
로 사용해 오다가 창덕궁의 생활 공간이 좁아지자, 왕실의 웃어른인 대비들을 편
안히 모시기 위해 창경궁을 마련하였다.

임진왜란 때 경복궁·창덕궁·창경궁이 모두 불타 버리자, 한양으로 돌아온 선조는 왕족의 집 중에서 가장 규모가 크고 완전했던 월산대군의 집을 행궁 삼아 임시 거처로 했다. 광해군이 이곳에서 왕위에 즉위하고 궁궐의 모습을 갖추면서 '경운궁(덕수궁)'이라 하였다. 광해군이 창덕궁을 복구하여 옮겨 가면서 창경궁을 재건하고 경희궁을 짓게 했다. 창덕궁이 법궁으로 쓰이는 동안 창경궁과 경희궁은 보조 궁궐로 사용되었다. 고종 때 경복궁을 중건하면서 다시 법궁이 되었으며, 아관파천 후 덕수궁으로 옮겼다.

ꕥ 경복궁 | 조선

조선을 개국한 태조가 개경에서 한양으로 도읍을 옮긴 후, 1395년에 처음으로 세운 정궁이 경복궁이다. 도성 안에서도 가장 좋은 명당에 자리 잡고 있지만 임진왜란으로 불타 버렸다. 경복궁은 고종이 즉위하면서, 흥선대원군은 왕실의 권위를 높이고 왕권을 강화시키기 위한 목적으로 위엄과 권위가 돋보이도록 규모가 크고 격식이 엄중하게 다시 중건하였다. 경복궁 중건을 위한 당백전과 원납전 등으로 백성들의 많은 불만을 사기도 했다.

❀ 경복궁 경회루 | 조선

경회루는 나라에 경사가 있거나 사신이 왔을 때 연회를 베풀던 곳이다. 인공으로 만든 연못 속에 다듬은 돌로 둑을 쌓아 네모난 섬을 만들고 그 위에 이층 누각을 세웠다. 연못을 만들면서 파낸 흙으로 교태전 뒤편에 '아미산'이라는 동산을 만들었다. 경회루는 우리나라에서 규모가 가장 큰 누각이며, 간결하면서도 화려한 건축물이다. 그리고 1층에는 48개의 돌기둥이 있는데 바깥 둘레 24개의 돌기둥은 네모진 민흘림기둥으로 24절기를 의미한다.

✿ 경복궁 강녕전 | 조선

건물의 가장 높은 곳에 있는 용마루는 말 그대로 용을 상징한다. 경복궁에서 왕의
침전으로 사용되는 강녕전과 왕비의 침전으로 사용되는 교태전 그리고 창덕궁의
대조전은 왕과 왕비의 침전이기 때문에 용마루가 없는 것이 특징이다. 한 건물에
는 두 마리의 용이 존재할 수 없다고 해서 왕이 거처하는 침전에는 용마루를 만들
지 않는 것이다. 따라서 강녕전 등의 지붕마루는 다른 건물들에서 볼 수 없는 형태
로 되어 있다.

창덕궁 | 조선

창덕궁은 광해군 때 복구공사를 마무리하면서 정궁으로 사용된 후 약 270여 년 동안 역대 왕들이 정사를 보살피던 곳이다. 궁궐의 핵심 공간인 인정전은 창덕궁의 정전으로 왕의 즉위식, 신하들의 하례, 외국 사신의 접견 등 국가의 중요 행사가 행해진 곳이다. 이런 행사 시에는 인정전 앞의 품계석에 맞춰 문관(동쪽)과 무관(서쪽)이 중앙을 향해 도열하게 된다. 그리고 임금이 평소에 국사를 논의하던 집무실은 선정전이며, 침실은 대조전이다.

✽ 창덕궁 낙선재 | 조선

낙선재는 헌종 때 학자들과 편안하게 학문을 논하기 위해서 서재 겸 휴식 공간으로 만든 것이다. 궁궐 내에서 가장 최근까지 사람이 실제로 살았던 곳이다. 우리나라 최후의 황태자 영친왕(이은)은 한일 합방 이후 일본에 볼모로 잡혀갔다가 1963년 가족과 함께 귀국하여 창덕궁 낙선재에서 지내다 1970년에 사망했다. 황태자비 이방자 여사도 1989년 타계할 때까지 이곳에서 살았으며, 덕혜옹주도 말년에 한 많은 여생을 마친 곳이다.

🏵 창덕궁 후원 | 조선

창덕궁 후원은 흔히 '비원'이라 부르기도 한다. 창덕궁 후원은 원형이 비교적 잘 보존되어 있고, 한국에서만 볼 수 있는 독특한 양식의 정원이다. 후원의 다양한 연못·정자·수목 등은 자연과 잘 조화된 한국 전통 조경의 진수를 보여 주고 있어, 유네스코 세계문화유산에 등록되었다. 조선의 궁궐 연못은 하늘은 둥글고 땅은 네모처럼 생겼다는 사상을 따르고 있어, 부용지도 땅을 상징하는 네모난 연못 속에 하늘을 상징하는 둥근 섬을 만들었다.

✿ 잡상 | 조선

지붕의 추녀마루에는 주술적인 의미로 악귀를 쫓기 위해 여러 가지 형상의 토우가 올려져 있는데 이것을 잡상이라고 한다. 잡상은 서유기에 나오는 삼장법사, 손오공, 저팔계 등의 이름이 붙으며, 주로 궁궐과 종묘에서만 볼 수 있는 것이다. 그리고 잡상의 수는 주로 홀수이지만 꼭 그런 것은 아니다. 또 건물의 권위가 높을수록 잡상의 숫자가 많아지는 것도 정형화된 원칙은 아니다. 근정전은 7개, 인정전은 9개, 경회루는 11개이다.

✿ 덕수궁(경운궁) | 조선

을미사변 이후 일본의 위협을 느낀 고종은 러시아 공사관으로 피신을 했다. 1897
년 환궁을 하면서 경복궁이 아닌 덕수궁을 택한 것은 주변에 외국 공사관이 밀집
되어 있어 열강들의 힘을 빌려 일본을 쉽게 견제할 수 있었기 때문이다. 고종은 이
곳에서 국호를 '대한제국'으로 바꾸고, 환구단을 새로 지어 황제 즉위식을 거행한
후, 황제권을 강화시켜 나갔다. 1907년 헤이그 특사 파견 이후 일제는 고종을 강
제로 퇴위시키고 순종을 왕위에 올렸다.

❀ 사직단 | 조선

태조 이성계는 조선을 건국하고 도읍지를 한양으로 정하면서, 경복궁을 건립하였다. 그리고 나라를 새로 세우면 가장 먼저 왕실의 조상을 받드는 종묘와, 풍흉과 나라의 운명을 좌우하는 사직단을 세워 복을 비는 제사를 지내고, 나라의 정신적 지주로 삼았다. 사직단은 토지의 신(사)과 곡식의 신(직)에게 제사를 지내던 곳이다. 1년에 네 차례의 대사와 중사, 그 밖에 가뭄에 비를 기원하는 기우제와 풍년을 비는 기곡제를 지냈다.

❀ 종묘 | 조선

종묘는 조선 시대 역대 왕과 왕비의 신주를 모시고 제사를 받드는 사당이다. 조선 왕조는 궁궐을 세움과 동시에 조상신에게 나라의 안녕을 비는 사당을 마련하여 종묘제례를 올렸다. 종묘 정전은 1395년 태조 때 완공되어 신위의 수가 증가함에 따라 증축하면서 옆으로 길어진 독특한 형태를 가지고 있다. 정전의 길이가 101m로 단일 목조 건물 중에서는 세계에서 가장 긴 목조 건물이다. 1995년 유네스코 세계 문화유산에 등록되었다.

❀ 법주사 팔상전 | 조선

조선 후기에는 불교가 신앙의 자리를 어느 정도 차지하게 되고 또 정치 · 경제적인
변화가 나타나면서 건축에도 새로운 변화가 일어났다. 양반들과 새롭게 부상하고
있던 부농 그리고 상공업자들의 지원을 받아 많은 사원들이 세워졌다. 그리고 정
치적인 필요에 따라 대규모 건축물들이 세워지기도 했다. 17세기에 건축된 법주사
팔상전은 현재 우리나라에 남아 있는 유일한 5층 목탑으로, 석가모니의 일생을 그
린 팔상도가 모셔져 있다.

✿ 금산사 미륵전 | 조선

17세기의 목조 건축물로는 금산사 미륵전, 화엄사 각황전, 법주사 팔상전을 대표적으로 꼽을 수 있다. 이 건축물들은 모두 규모가 큰 다층 건물로 내부는 하나로 통하는 구조를 가지고 있다. 이는 불교의 사회적 지위 향상과 양반 지주층의 경제적 성장을 반영하고 있다. 금산사 미륵전은 우리나라에서 유일하게 볼 수 있는 3층 법당이다. 건물의 높이는 20m 정도로 내부는 11.82m의 거대한 미륵불을 봉안하기 위해 통층으로 되어 있다.

❀ 화엄사 각황전 | 조선

화엄사 각황전은 17세기를 대표하는 건축물 중의 하나로 매우 웅장하며 건축 기법도 뛰어난 목조 건물이다. 이 건물은 신라 시대에 쌓은 돌기단 위에 지어진 2층 집으로, 내부는 위층과 아래층이 트인 통층이다. 지붕은 옆면에서 볼 때 팔(八)자 모양인 팔작지붕이다. 지붕 처마를 받치기 위해 만든 공포가 기둥 사이에도 있는 다심포 양식이라 매우 화려한 느낌을 준다. 공포는 장식적 기능과 무게 하중을 분산시키는 기능을 한다.

⊛ 부안 개암사 | 조선

18세기는 사회적으로 크게 부상한 부농과 상인들의 지원을 받아 그들의 근거지에 장식성이 강한 사원이 많이 세워졌다. 논산 쌍계사, 안성 석남사, 부안 개암사 등이 대표적이다. 개암사 대웅전은 규모에 비해 기둥이 우람해 건물에 안정감을 준다. 또 처마 밑에는 화려한 연꽃이 조각되어 있으며, 조각 기법에도 세련미가 있어 조선 중기를 대표하는 건물이다. 그리고 개암사는 주변의 산세와도 조화를 이루는 모습이 특징적이다.

✿ 숭례문(남대문) | 조선

숭례문은 한양을 둘러싸고 있는 성곽의 정문으로, 조선 시대에도 '남대문'이라 불렸다. 한양으로 도읍을 옮긴 1년 뒤 짓기 시작하여 1398년에 완성하였다. 그리고 서울에 남아 있는 목조 건물 중 가장 오래된 것으로 국보 1호로 지정되었지만, 2008년 2월 숭례문 방화 사건으로 건물이 불타 버려 다시 복원했다. 국보 및 보물 등에 부여되는 번호는 유물의 중요도와 상관없이 지정되는 관리 번호이다. 위쪽 사진은 원래의 숭례문 모습이다.

✿ 흥인지문(동대문) | 조선

한양 성곽은 중요한 국가 시설이 있는 한양을 보호하기 위해 만든 도성이다. 보물 1호로 지정되어 있는 동대문의 원래 이름은 '흥인지문'으로, 지나치게 장식한 부분이 많아 조선 후기의 특징을 잘 보여 주고 있다. 또 바깥쪽으로는 성문을 보호하고 튼튼히 지키기 위해 반원 모양의 옹성을 쌓았다. 이는 적이 성문으로 침략해 올 때 적의 공격을 효율적으로 방어하기 위한 시설이다. 흥인지문은 도성의 8개 성문 중 유일하게 옹성을 갖추고 있다.

✿ 남한산성 | 조선

인조 때는 친명 배금 정책을 추진하여 후금을 자극하였다. 이괄이 난을 일으키자 혼란을 틈타 후금이 황해도까지 쳐들어오는 정묘호란(1627)이 일어났다. 그 후 후금은 세력이 커지면서 국호를 '청'으로 바꾸고, 조선에 군신 관계를 요구하였다. 조선이 이를 거부하자 청은 10만 대군을 이끌고 다시 침략해 왔다. 이 병자호란(1636)이 일어나자 인조는 남한산성으로 피난하여 항전하였으나, 결국 삼전도에서 굴욕적인 강화를 맺게 되었다.

✿ 규장각 | 조선

정조 때 궁중에 설치한 왕립 도서관으로서, 학문 연구와 국왕의 정책 자문 기구의 역할을 수행하였다. 또 규장각에는 역대 국왕의 시문·친필·서화 등을 관리·보관하였다. 정조는 조정의 문신들 중에서 37세 이하의 재능이 뛰어난 신하들을 선발하여 일정 기간 동안 규장각에서 공부하게 하는 초계문신제를 실시하였다. 정조는 왕권 강화를 목적으로 규장각을 설치하고, 수원 화성을 축조하였으며, 왕의 친위부대인 장용영을 설치하였다.

✿ 수원 화성 | 조선

정조(1796) 때 만든 화성은 세계 최초의 계획도시로 '성곽의 꽃'이라 불린다. 또 군
사적 방어 기능과 상업적 기능을 보유하며, 정치적 이상을 실현하는 상징적 도시
로 육성시켰다. 정약용이 고안한 거중기를 이용하여 시간과 비용을 절약할 수 있
었으며, 이는 도르래를 이용하여 적은 힘으로 무거운 물건을 들어 올릴 수 있도록
만들어졌다. 동서남북에 4대문을 건설하면서 옹성을 설치하고, 적재적소에 성벽
을 돌출시켜 쌓은 치성을 두었다.

❀ 다산초당 | 조선

1801년 신유박해로 인해 전라도 강진으로 유배된 정약용은 유배 생활 18년 중에 11년간을 이곳 다산초당에서 머물렀다. 유배지에서 직접 농촌 사회의 현실을 체험하면서, 잘못된 현실을 지적하고 비판하기도 하였다. 학문 연구에도 전념하여 목민심서와 경세유표 그리고 흠흠신서 등의 명저를 저술했으며, 500권이 넘는 많은 저서를 남겨 실학을 집대성하였다. 그리고 중농학파 학자로 여전론 및 정전제와 같은 토지제도의 개혁을 주장하기도 했다.

✿ 오대산 사고 | 조선

'사고'란 조선 왕조의 실록을 보관하는 서고이다. 실록은 완전한 소실을 방지하기 위해 여러 곳에 분산·보관하였다. 처음에는 춘추관, 충주, 성주, 전주에 보관하였다. 임진왜란을 겪으면서 전주본을 제외한 나머지는 소실되었으며, 필사본을 만들어 춘추관, 묘향산, 오대산, 태백산, 마니산에 보관하였다. 그리고 사고는 지역 중심지에서 외부의 영향을 적게 받는 험준한 산 위로 올라갔으며, 수비는 주변의 사찰에게 맡기고 비용을 지급하였다.

❀ 정족산 사고 | 조선

춘추관 사고가 이괄의 난 때 소실되자, 이를 계기로 국경선 가까이에 있던 묘향산 본은 상대적으로 안전한 적상산 사고로 옮겨졌다. 마니산본은 병자호란 때 피해를 입어 보수하고 정족산 사고를 만들어 이관하였다. 일제 때, 오대산본은 일본으로 가져가 관동대지진 때 대부분 소실되었고, 정족산본과 태백산본은 경성제국대학으로 옮겨졌다. 현재 정족산본은 서울대 규장각, 태백산본은 국가기록원에 있다. 적상산본은 6 · 25 때 북한으로 가져갔다.

❀ 단성향교(1) | 조선

세도 정치 때 삼정의 문란이 기성을 부리면서 단성현은 환곡의 폐단이 팔도에서
가장 심하여, 양반 중에서도 세도 정권에 불만을 가진 김인섭 등이 농민 항쟁을 주
도하였다. 이때 농민 항쟁의 구심점이 된 것은 단성향교에서 열렸던 향회였다. 단
성 농민 항쟁은 이웃한 진주에 영향을 미쳤으며, 농민 항쟁이 전국적으로 확산되
는 계기가 되었다. 단성향교는 농민 봉기의 중심 장소이며, 1862년 진주 농민 봉
기 및 임술 농민 봉기의 시발지이다.

⊛ 단성향교(2) | 조선

세도 정치의 폐단으로 과거시험의 부정, 관직을 사고파는 매관매직 등이 극심하였다. 뇌물을 주고 관직을 산 관리들은 그 대가를 농민들로부터 거두어들이려고 하였다. 이처럼 관리들은 삼정을 통해 백성들에게 정해진 액수보다 훨씬 많은 무거운 세금을 부과하는 등 관리들의 횡포가 극에 달했다. 그 폐단이 가장 심했던 시기가 바로 철종 때이다. 농민들의 불만이 심해지면서 관아를 습격하거나 탐관오리를 폭행하는 농민 봉기가 발생했다.

❀ 해미읍성(읍성) | 조선

해미읍성은 조선 시대 읍성 가운데 전북 고창읍성과 함께 원형이 가장 잘 보존되어 있는 읍성이다. 왜구가 해안 지방에 자주 출몰하여 막대한 피해를 입히자, 이를 효과적으로 제압하기 위한 군사적 목적에서 축성하였다. 이 읍성에는 충청도 병마절도사의 영(사령부)이 있었으므로 군사적 거점이 되었던 곳이며, 동헌을 비롯한 관아 건물 등도 있었다. 성의 둘레에는 적이 쉽게 접근하지 못하도록 탱자나무를 심어서 '탱자성'이라는 별칭이 있다.

❀ 해미읍성(호야나무) | 조선

해미가 있는 내포 지역은 중국과 상대적으로 거리가 가까워 충청도에서도 선진 문물이 먼저 전파되었던 곳이다. 따라서 18세기 말에는 천주교인들이 늘어나 순교자도 많았던 곳이다. 1866년 병인박해 때 해미읍성은 감옥소가 되어 천주교인들이 끌려와 갇히기도 했으며, 무려 1천여 명이 처형된 형장으로 이용되기도 했다. 감옥 자리에 있는 고목인 호야나무는 천주교인들이 묶여 고문을 당하고 또 목을 매달아 죽이기도 했던 곳이다.

❈ 정족산성 | 조선

1860년에는 청의 베이징이 서양 세력에 의해 함락되고, 우리는 러시아와 국경을 접하게 되었다. 흥선대원군은 러시아의 위협을 막기 위해 국내에 활동 중인 프랑스 선교사를 통해 프랑스의 힘을 빌리려 했지만 실패했다. 이에 따라 9명의 프랑스 선교사와 수천 명의 천주교도들이 처형되는 병인박해가 일어났고, 이를 구실로 프랑스는 1866년 강화도를 침입하는 병인양요를 일으켰다. 이때 양헌수 부대는 정족산성에서 프랑스군을 격퇴하였다.

⌘ 외규장각(강화도) | 조선

흥선대원군은 서양 세력과의 통상 수교를 거부하는 정책을 폈다. 이러한 가운데 프랑스는 병인박해를 구실로 강화도로 침입해 외규장각에 보관되어 있던 6,000여 권의 문서를 대부분 불태우고, 조선 왕실 의궤는 프랑스 군대가 약탈해 갔으나 2011년에 반환되었다. 의궤란 세자의 책봉 등 왕실의 중요한 행사 내용을 그림을 곁들여 자세히 기록한 문서로, 이후 행사 때 참고하여 시행착오 없이 원활히 행사를 치를 수 있도록 하기 위함이다.

❀ 척화비 | 조선

흥선대원군은 병인양요와 신미양요를 거치면서 백성들에게 서양과의 통상 수교를
반대하는 정책을 널리 알리기 위해 전국 각지에 척화비를 세웠다. 흥선대원군의
통상 수교 거부 정책으로 인해 우리나라가 서양의 선진 문물을 받아들이는 시기가
늦어진 문제점도 있지만, 이 정책에서 외세의 침략을 막으려는 자주적 성격을 엿
볼 수도 있다. 척화비의 내용은 "서양 오랑캐가 침범할 때 싸우지 않는 것은 화의
하는 것이요, 화의를 주장함은 나라를 파는 것"이라는 것이다.

제6부

근현대 시대

❀ 동학 창시자 최제우 | 근대

세도 정치로 인한 사회 혼란으로 민심이 불안했지만, 불교 및 유교 등의 기성 종교는 일반 백성들과는 거리가 먼 상태였다. 또 천주교가 전파되고 있었지만, 서양 세력의 침략적 위협 때문에 경계심이 높았다. 이에 따라 서학에 대응하여 우리 것을 지키고 고통에서 벗어나기 위한 민족 종교의 필요성이 대두되면서 동학이 창시되었다. 동학의 중심 교리는 인내천이며, 인간 평등사상을 강조하여 급속히 전파된다. 동학의 성격은 반봉건·반외세이다.

✦ 독립문 | 근대

자주 독립 의식을 고취하기 위하여, 청의 사신을 맞이하던 사대사상의 상징물이었던 영은문을 헐어 버리고 그 자리에 화강암으로 독립문을 세웠다. 독립문은 서재필이 조직한 독립협회의 주도하에 국왕의 동의를 얻고, 국민들의 폭 넓은 지지로 성금을 모아 세워졌으며, 프랑스 파리의 개선문을 본떠 완성되었다. 독립협회는 외세 의존 정치를 비판하고, 만민공동회를 개최하여 헌의 6조를 결의함으로써 황제권을 인정하는 입헌 군주정을 주장했다.

🏵 서재필 동상 | 근대

외세의 침투가 계속되어 나라의 자주권이 위협 당하면서 국민들 사이에 자주 독립
을 지키려는 움직임이 일어났다. 그리하여 서재필과 개화파 지식인들은 1896년에
독립협회를 조직하였다. 초기에는 정부 고관들도 회원으로 가입했으나 점차 민간
인들이 중심이 되었다. 회원 가입 자격에 제한을 두지 않아 사회적으로 천대받던
계층도 참여하였다. 활동 방향은 자주 독립 의식 고취, 열강의 이권 침탈 반대, 고
종의 환궁 요구 등이었다.

❀ 전봉준 생가 | 근대

외세 침투에 대한 반감과 부패한 정치에 대한 불만으로 농촌 사회에서는 새로운 변화를 기대하는 기운이 높아지면서 동학이 급속히 전파되었다. 이처럼 농촌 사회의 분위기가 어수선할 때, 전라도 고부군수 조병갑이 부정과 횡포로 농민들의 원성을 샀다. 이에 농민들은 마을의 지도적 인물인 전봉준의 주도로 고부 관아를 습격하였다. 이것이 계기가 되어 반봉건 및 반외세, 토지 균등 분배를 주장하는 동학 농민 운동이 일어나게 되었다.

❀ 원구단 | 근대

원구단은 고종이 1897년 아관파천에서 돌아온 후 하늘에 제사를 지내고 황제 즉위식을 거행하기 위해서 세운 건물이다. 고종은 나라의 위신을 높이기 위해 국호를 '대한제국'으로 바꾸면서 자주 독립국임을 선포하고 광무개혁을 실시하였다. 특히 근대 국가로 발전하기 위해 산업 발전과 교육 진흥에 힘을 기울였다. 또 농민 생활 안정과 재정의 확보를 위해 토지를 측량하고 지계를 발급하였으며, 군사력을 높이기 위해 군제를 개편하였다.

❀ 덕수궁 석조전 | 근대

개항 이후 서양의 근대 과학 문명이 수용되고 개화 정책이 추진되면서, 독립문과 덕수궁 석조전 등과 같은 서양식 석조 건축물들이 세워졌다. 1910년에 완공된 석조전은 황제의 침실과 접견실 등으로 만들어졌다. 기둥은 양의 뿔 모양을 닮은 이오니아식 기둥이며, 실내는 로코코풍으로 장식했으며 신고전주의 궁전 건축 양식을 따른 것이다. 당시 건축된 서양식 건물 가운데 규모가 가장 크며, 이곳에서 1946년 미소공동위원회가 열렸다.

✿ 서울역 | 근대

개항을 계기로 서양의 근대 과학 문명이 수용되고, 근대 시설들이 갖추어지기 시작했다. 근대적인 교통 시설로 서울에서 전차가 운행되고, 우리나라 최초의 철도로 서울에서 인천을 연결하는 경인선이 개통되었다. 그리고 경부선과 경의선 철도 등이 일본의 이권 침탈과 침략적 목적으로 개통되었지만, 국민 생활의 편의와 생활 개선에 이바지하기도 하였다. 르네상스식 건축물인 서울역은 주요 간선 열차의 시발역인 동시에 종착역이었다.

✹ 성공회 강화성당 | 근대

1900년 대한성공회로서는 가장 먼저 건립된 성당이다. 우리 한옥에서 볼 수 있는 기와지붕의 전통적인 목조 건축 양식과 서양의 바실리카식 교회 건축 양식이 결합된 것이 특징이다. 즉, 겉모습은 우리의 전통적인 사찰 건축 양식으로, 내부 구조는 교회의 전통적인 예배 공간인 서양식으로 꾸민 것이다. 이같이 서양 종교의 건축물에 우리의 전통 양식을 결합시킨 데에는 외래 종교에 대한 거부감을 완화하기 위한 목적을 포함한다.

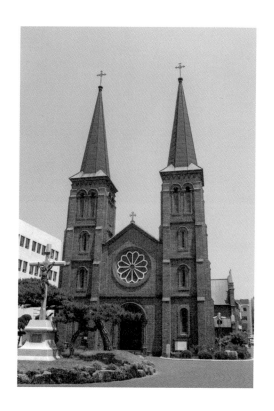

❀ 대구 계산성당 | 근대

대구 계산성당은 우리나라에서 세 번째로 세워진 고딕 양식의 성당이다. 정면에 있는 2개의 종탑부에는 8각의 뾰족한 첨탑이 하늘 높이 솟아 있으며, 평면은 라틴 십자형이다. 이 성당은 고딕 양식의 특징인 뾰족한 탑과 아치형 천장, 스테인드글라스로 장식되어 있다. 프랑스 신부인 로베르가 설계하였으며, 서울 명동성당을 건축한 중국인 기술자들이 공사를 맡아 1902년에 완공하였다. 종교적·역사적 가치가 높아 사적으로 등록되어 있다.

⊛ 국채 보상 운동 기념 | 근대

국채 보상 운동은 1907년 서상돈 등이 일본에 진 빚을 갚기 위해 벌인 모금 운동으로, 대구에서 시작되어 전국적으로 확산되었다. 일본 통감부는 근대화 시설을 만든다는 명분으로 차관을 강요해, 우리나라가 많은 빚을 지게 만들었다. 경제적 예속에서 벗어나기 위해, 금연·금주로 모은 돈과 반지 등을 성금으로 낸 자발적인 경제 구국 운동이며, 순수한 기부 운동이었다. 또 황성신문·대한매일신보·제국신문에서도 모금 활동을 적극 지원했다.

⊛ 서대문 형무소 | 근대

1908년 '경성 감옥'이란 이름으로 문을 연, 근대적 시설을 갖춘 한국 최초의 감옥이다. 일제 통감부가 처음에는 의병 활동과 반일 세력을 탄압하기 위해 만든 것이었다. 그리고 일제강점기가 되면서 독립 운동을 하는 민족 지도자와 독립 운동가들이 이곳을 거쳐 갔다. 3 · 1운동 때 유관순 열사가 갇혔던 지하 감옥에는 한 사람이 서서 지내야 하는 독방도 있다. 또 온갖 고문 시설이 갖추어진 잔혹한 현장이며, 민족의 수난사를 잉태시킨 곳이다.

✿ 조선총독부 | 근대

1910년 국권을 빼앗은 일제는 식민 통치의 중추 기관으로 조선총독부를 설치하여, 우리 민족에 대한 정치적 탄압과 경제적 착취를 강행하였다. 조선 총독으로 임명된 사람은 일본군 대장 출신들이며, 일본 국왕에 직속되어 행정·입법·사법 및 군사권까지 장악하여 절대적인 권력을 행사하면서 무단 통치를 자행할 수 있게 했다. 총독부 건물은 풍수지리상 지맥을 끊으려는 의도로 경복궁 흥례문을 해체하고 세웠다. 지금은 흥례문이 복원되었다.

❀ 백산 안희제 생가 | 근대

일제 시대 때 독립 운동을 전개하기 위해서는 경제적인 여력이 필요했다. 이에 안희제는 독립 운동 자금 마련과 일본 자본에 맞서는 민족 기업의 육성을 위해 부산에 '백산상회'라는 무역회사를 설립했다. 백산상회는 해외 독립 운동 세력의 국내 연락 거점인 동시에 독립 운동의 기지 역할을 했으며, 국내외 독립 운동 단체에 자금을 지원했다. 안희제는 민족 교육 및 민족 언론 육성, 만주를 무대로 독립 운동을 전개한 독립 운동가이다.

⊛ 동양척식주식회사(부산지점) | 근대

일제는 근대적인 토지 소유 관계 확립을 명분으로 1910년부터 토지 조사 사업을 실시하여, 정해진 기한 내에 자신 소유의 토지임을 총독부에 신고하도록 했다. 반일 감정에 의해 신고하지 않은 토지, 문중 토지와 같은 소유 관계가 불분명한 토지, 신고 절차가 복잡하여 신고하지 못한 토지 등 전국토의 40%를 조선총독부가 약탈해 갔다. 이 사업의 실질적인 목적은 토지 약탈이며, 이때 빼앗은 토지는 동양척식주식회사가 관리했다.

❀ 형평 운동 기념탑 | 근대

1894년 갑오개혁 때 백정은 법으로는 신분이 해방되었으나 실질적으로는 사회적 차별이 그대로 존속되고 있었다. 또 일제는 의도적으로 이러한 차별을 유지하려는 정책을 폈다. 백정에 대해서는 호적에 도한으로 기재하거나 붉은 점으로 표시했다. 이에 조선에서 가장 천대받던 백정들은 1923년 진주에서 '조선 형평사'라는 단체를 만들어 신분 해방 운동을 전개하였다. 이 형평 운동은 사회적 차별 철폐 운동이면서 인권 운동이었다.

⊗ 의열 기념관(의열단) | 근대

의열단은 김원봉을 중심으로 1919년 11월 만주에서 일제 요인 암살과 식민 통치 기관 파괴를 목표로 조직되었다. 소수 정예 대원으로 구성된 비밀 조직이었다. 주요 활동으로는 김상옥의 종로 경찰서 폭탄 투척과 나석주의 동양 척식 주식회사 폭탄 투척 등이 있다. 1926년에는 김구가 항일 무력 단체인 한인 애국단을 결성하였다. 주요 활동으로는 이봉창의 일본 국왕 폭살 시도와 윤봉길의 상하이 훙커우 공원 폭탄 투척 등이 있다. 윤봉길 의거는 중국인에게 감명을 주어 중국이 대한민국 임시 정부를 지원하는 계기가 되었다.

❀ 나주역(광주 학생 항일 운동) | 근대

6 · 10 만세 운동(1926)은 학생과 사회주의 세력이 주도하였다. 또 민족주의자와 사회주의 세력이 연대하는 계기가 되었으며, 그 결과 신간회(1927)가 결성되었다. 그 후 1929년 10월 30일 학생들이 광주에서 나주로 하교할 때 나주역에서 일본인 남학생이 조선인 여학생을 희롱하는 사건이 일어났다. 이 사건이 계기가 되어 11월 3일 광주의 대부분 학생들이 시위에 참여하였으며, 또 신간회의 지원으로 전국 규모의 항일 투쟁으로 확산되었다. 이 광주 학생 항일 운동은 3 · 1운동 이후 최대 규모의 민족 운동이었다.

——— 역사의 흐름을 담은 사진

❀ 임시 수도 경무대(대통령관저) | 현대

1950년 6 · 25전쟁이 일어나면서 부산은 중앙 정부의 임시 수도가 되었다. 1926년에 지어진 경상남도 도지사 관사를 전쟁이 끝나는 1953년까지 이승만 대통령의 관저로 사용하게 되었다. 그리고 '부산 경무대'라 불렸던 이곳은 지금의 청와대에 해당하는 곳으로, 대통령이 살면서 국정을 수행하고 국빈을 맞이했던 대통령 관저이다. 전쟁이 끝난 후 다시 경남도지사 관사로 사용되었다. 지금은 임시 수도 기념관으로 활용하고 있다.

✿ 임시 수도 중앙청 | 현대

부산이 임시 수도가 되면서 일제강점기 때부터 경남도청으로 사용하던 건물을 한
국전쟁 당시 중앙청으로 사용했다. 정부청사를 당시에는 '중앙청'이라 불렀다. 이
에 따라 주요 행정 관서들도 부산으로 이전하였으며, 국회는 부산극장 등을 사용
하였다. 전쟁이 끝난 후 다시 경남도청으로 사용했으며, 1984년 경남도청이 창원
으로 이전하면서 부산지방검찰청 청사로 사용됐다. 그리고 지금은 동아대 박물관
으로 활용하고 있다.

✇ 유엔묘지 | 현대

유엔묘지는 한국전쟁 중인 1951년 1월 유엔군 전사자들을 안장하기 위해 유엔군
사령부가 조성했다. 1955년 유엔 총회에서 유엔기념묘지로 지명한 세계 유일의
유엔묘지이며, 2001년 3월 '재한 유엔기념공원'으로 이름을 바꿨다. 1952년 겨울
에 아이젠하워가 한국을 방문해 황량한 유엔묘지를 참배해야 할 난처한 상황에서
새파란 보리를 구입해 유엔묘지에 심어 미8군 관계자들에게 극찬을 받았던 현대그
룹 정주영의 일화가 있는 곳이다.

✿ 워커하우스 | 현대

한국전쟁이 일어난 후 한 달여 만에 우리 남한은 낙동강 유역까지 밀려내려 오면서 최대의 위기를 맞게 되었다. 이에 따라 미국을 비롯한 연합군은 낙동강 유역을 최후의 방어선으로 구축하게 되었다. 유엔군 14만 명과 모든 화력을 집중해 낙동강 방어선을 구축했던 사람이 당시 미8군 사령관이었던 워커 장군이다. 당시 워커 장군과 참모들이 낙동강 방어 전투를 지휘했던 장소가 바로 워커하우스이며, 현재 부경대 대연캠퍼스 안에 있다.

☸ 새마을 운동(발상지 청도) | 현대

박정희 대통령은 청도 신도마을 주민들이 추진한 초가지붕 개량, 신작로 개설, 마을 가꾸기 사업 등 부지런하고 의욕적인 모습을 보고 잘살기 운동인 새마을 운동을 구상했다. 1970년부터 시작된 새마을 운동은 기본 정신인 근면·자조·협동을 바탕으로 수리 시설 확충, 농경지 확장 등을 통한 식량 자급의 기틀을 마련하였다. 영농의 과학화, 농가 부업 육성, 새마을 공장 등을 통한 소득 증대 사업을 실시하여 획기적인 발전을 가져왔다.

❀ 마산수출자유지역(자유무역지역) | 현대

성장 잠재력이 부족했던 우리나라는 외국인의 투자를 유치하여 선진 기술 도입과
일자리 창출을 위해 1971년 최초로 마산에 수출자유지역을 만들었다. 수출자유지
역은 외국인 투자자가 원료를 관세 없이 자유롭게 수입하고, 제품을 만들어 전량
해외에 수출할 수 있도록 법제적 및 세금 혜택을 주는 지역이다. 따라서 수출 및
고용 증대, 선진 경영 기법과 기술 전수 등을 통해 경제 발전과 더불어 국제 경쟁
력 강화에 크게 기여했다.

❀ 3·15 의거(3·15 의거 기념탑) ㅣ 현대

1948년 대한민국정부가 수립되고, 이승만이 초대 대통령에 취임한 후 독재 집권을 한다. 하지만 이승만은 또 집권을 하기 위해 1960년 대통령 선거에서도 부정 선거를 자행한다. 이에 맞서 마산 시민들이 중심이 되어 부정 선거를 비판하는 대규모 시위가 전개된다. 이 3·15 의거가 도화선이 되어 우리나라 민주화의 출발인 4·19 혁명이 일어나게 된다. 4·19 혁명을 계기로 이승만은 하야하고, 의원내각제 헌법이 개헌되어 제2공화국이 시작된다.

❀ 5 · 18 민주화 운동(국립 5 · 18 민주묘지) | 현대

1961년, 박정희는 5 · 16 군사 정변으로 주도권을 잡고 군정을 실시한다. 1963년 대통령에 취임한 후, 1972년 종신 집권을 위한 유신 독재 헌법을 만든다. 이에 맞서 유신 체제를 반대하는 투쟁이 전개되고, 결국 1979년 10 · 26 사태로 막을 내린다. 그 직후 12 · 12 쿠데타로 전두환 등의 신군부 세력이 정권을 장악하자, 계엄령 해제와 민주 헌정 회복을 요구하는 5 · 18 민주화 운동이 전개된다. 이때 계엄군의 무력 진압으로 광주 시민들이 희생되었다.

❀ 노무현 대통령 생가 | 현대

1987년 6월 민주 항쟁으로 5년 단임의 대통령 직선제 헌법이 개헌된다. 하지만 선거에서 야당은 단일화에 실패하여 1988년 노태우 정부가 출범하게 되었다. 김영삼 문민정부는 금융실명제 및 지방자치제를 실시했으며, 1997년 IMF 사태를 맞았다. 최초의 여야 정권 교체를 이룬 김대중 국민의 정부는 햇볕 정책을 통해 2000년 남북정상회담을 개최한다. 노무현 참여정부는 진정한 민주주의를 확대했으며, 2007년 남북정상회담을 개최했다.

❀ 독도

독도는 신라 장군 이사부가 울릉도를 정복한 후 줄곧 우리의 영토였다. 조선 초기에는 유민 방지를 위해 울릉도민들을 본토에서 살게 하여 한때 정부의 관리가 소홀했다. 조선 숙종 때 동래 어민 안용복은 이곳을 왕래하는 일본 어민들을 쫓아내고 일본에 건너가 우리 영토임을 확인시켰다. 그 후 울릉도에 관청을 두어 주민의 이주를 장려하고 독도를 관할하였다. 그러나 일본은 러일전쟁 중에 일방적으로 독도를 그들의 영토로 편입시켰다.